FÁBIO OTUZI BROTTO

JOGOS COOPERATIVOS

O JOGO E O ESPORTE COMO UM EXERCÍCIO DE CONVIVÊNCIA

Palas Athena

JOGOS COOPERATIVOS

O JOGO E O ESPORTE COMO UM EXERCÍCIO DE CONVIVÊNCIA

FÁBIO OTUZI BROTTO

5ª EDIÇÃO
REVISADA E ATUALIZADA

Palas Athena

Coordenação editorial: Lia Diskin
Produção editorial: Rose Riemma
Revisão: Nilza Manzieri
Atualização ortográfica: Neusa Maria Valério
Revisão de provas: Samir Thomas
Produção digital: Renato Carbone
Diagramação e capa: Matheus Nerosky

Grafia segundo o Acordo Ortográfico da Língua Portuguesa de 1990, em vigor no Brasil desde 2009.

Dados Internacionais de Catalogação na Publicação (CIP)
(Câmara Brasileira do Livro, SP, Brasil)

Brotto, Fábio Otuzi
Jogos cooperativos : o jogo e o esporte como um exercício de convivência / Fábio Otuzi Brotto.
– 4. ed. – rev. e atual. – São Paulo : Palas Athena, 2013.

ISBN 978-85-60804-20-7

1. Cooperação 2. Esportes - Aspectos sociais 3. Jogos - Aspectos sociais
4. Relações interpessoais
I. Título.

13-06738 CDD-796.1

Índices para catálogo sistemático:
1. Jogos cooperativos : Esportes 796.1

5ª edição, março de 2022

Palas Athena Editora
Alameda Lorena, 355 – Jardim Paulista
01424-001, São Paulo, SP
Tel / Fax (11) 3050-6188
www.palasathena.org.br
editora@palasathena.org.br

Dedicação

Dedico este "Exercício de Convivência" a **Eneide Otuzi Brotto**, minha mãe e principal orientadora no caminho da vida; e para **Osmar Brotto**, meu pai, que me livrou de alguns jogos arriscados para me deixar seguir por outros encantos mais arrojados.

E a **Tiê, Ilê e Lyz**, filhos queridos e incondicionalmente amados; meus *guias essenciais*, que me convidam para celebrar o milagre da vida, ali, neles e entre nós, tão presente... quase como *coisa* de contos de fada.

Pois, então, essa coisa não acontece só nos contos não. Fadas Madrinhas existem de verdade. E eu tive a bênção de conhecer uma que se chama **Neyde Marques** e conviver com ela!

A primeira vez que ouvi Neyde foi pelo telefone, há 24 anos. Liguei para pedir dicas sobre como fazer acontecer transformações em minha vida. Ela, acolhedora e irreverentemente, disse para eu entrar em contato com a *Universidade Holística Internacional de Brasília – Unipaz*.

Então, fiz a bobagem de acreditar nela e seguir a pista deixada... e deu no que deu. Fui parar na Unipaz em julho de 1989, conheci lá os Jogos Cooperativos e, a partir dali, minha vida tem sido uma constante TransFormAção...

... e Neyde esteve sempre presente!

Nosso último encontro aconteceu em agosto de 2010, num fim de semana muuuuito especial: a celebração dos 10 anos da Pós-graduação em Jogos Cooperativos, em Santos-SP.

Neyde foi a personagem *Essencial* naquele momento mágico... e ela distribuiu para cada pessoa e para toda a Raça da Cooperação (assim batizada por ela mesma, ali, naquele momento!) doses infinitas e eternas de entusiasmo, dedicação, cumplicidade, luminosidade (ah, e quanta luz ela irradiou naqueles dias!) e abundante amorosidade!!!

Naquele momento, ritualizamos a passagem da Pós em Jogos Cooperativos para um novo ciclo de expansão, revitalização, compromisso e liberdade. Ela nos guiou pelas espirais de constituição do "*Conselho da Pós em Jogos Cooperativos*" e nos animou a seguir cultivando as sementes fertilizadoras da nova *Raça da Cooperação*.

Que encontro!!!! Um momento daqueles mágicos, uma "Bolha no Tempo-Espaço", e, como diria nosso querido Arnaldo Bassoli: "Poesia Pura".

... e Neyde, ainda mais presente!

Agora, nossa querida Madrinha está Jogando Essencialmente em outro campo da interexistência, numa nova dimensão da convivência, onde o Espírito reencontra seu lugar de re-pouso[1], cura e transformação. Agora, ela é, de novo, um ponto de Luz e de Amor no colo de Deus...

... porque Neyde é o presente!!!

Ah! Já que falei em *Você, Deus*, prepare-se! Porque essa mulher bagunça tudo por onde passa, viu?! Nada nem ninguém, até mesmo *Você*, continua na mesma depois de ser tocado pela presença-presente dessa baiana arretada!!!

Dedico esta cooperação eternamente a você, querida Neyde-Coração.

Sim, quase ia me esquecendo de contar... fique sabendo que a *Raça da Cooperação* segue *atendendo o celular* no meio da com-fusão! Pode chamar!!!

Neyde Marques - 2º Festival de Jogos Cooperativos. Sesc - Taubaté - SP (2001)

---

1 A divisão da palavra é um recurso que utilizo para buscar uma melhor compreensão do seu sentido/significado. Durante o texto, voltarei a utilizar essa forma com a mesma intenção. N. do A.

Gratidão

Eu agradeço ao **Prof. Roberto Rodrigues Paes**, meu grande parceiro e guia seguro, que, quando me vi mergulhado no turbilhão de ideias confusas e ideais difusos, transbordou os limites de sua generosidade e sabedoria, ajudando-me a enxergar com clareza o rumo e o compasso possível para concluir o Mestrado na FEF-UNICAMP, apresentando o trabalho sobre Jogos Cooperativos, que deu origem a este livro.

Também, sou muito grato ao **Prof. Ídico Luiz Pellegrinotti**, o "Deco", que, com seu jeito apaixonado de Ser, participou deste Jogo desde o início, irradiando a con-fiança necessária para nutrir a Vida pulsante no coração de cada um de todos nós.

Desde muito antes de começar esta aventura pela ciência, venho sendo tocado na consciência pela presença sensível e amorosa do **"mestre" Luiz Alberto Lorenzetto**, a quem sou profundamente agradecido e suavemente ligado.

Agradeço aos **servidores da FEF-UNICAMP** pelo suporte e disponibilidade em colaborar com a realização deste e de tantos outros "projetos de estudo e de vida".

Ao meu irmão **Gustavo Otuzi Brotto** e aos amigos **César Augustus Barbieri e José Ricardo Grilo**, agradeço pela leitura dedicada, crítica e re-creativa e, mais ainda, pela Trans-Piração compartilhada.

E, também, ao nosso **Time do Projeto Cooperação**, cúmplices no Exercício de Convivência, e à minha Comum-Unidade Real, onde compartilho as descobertas sobre como praticar a Cooperação e promover a Com-Fusão.

Neste momento, re-lembro o tempo em que voltava correndo da escola, almoçava às pressas e saía voando... para a aula de Educação Física. Ah... como eu adorava jogar basquete na quadra que construímos, bater uma bolinha no campinho de terra cuidado pela garotada, fazer exercício com halteres de lata de leite em pó e me pendurar na barra só pelo prazer de autossustentar-me... Pois é, eu era capaz de largar tudo, tudo mesmo, só para ir àquele lugar mágico: a aula do **"Seu Zé Maria"**. Neste momento, ainda sou capaz de ouvir o jeitão dele de chamar a turma: *"Tsitsitsi, turminha!"*. Graças ao senhor, **Prof. José Maria Abdalla**, eu continuo por aqui. Valeu, professor!

Agora, diante desta 4ª edição, revisada e atualizada, dou graças à **Profa. Lia Diskin e a toda a equipe da Associação Palas Athena**, que mais uma vez confiaram e generosamente dedicaram seus talentos e recursos para possibilitar a re-vitalização desta publicação e, mais do que isso, contribuíram especialmente para a re-animação do Espírito de Cooperação, já quase adormecido em mim.

Embora re-despertado, foi preciso ainda uma fundamental *provoca-ação* – firme e amorosa – para dar movimentação e conferir verdade à renovação deste *meu* Exercício de Convivência. Por isso, sou *Bonitinhamente* grato à **Denise Jayme de Arimatéa**, que releu inúmeras vezes as edições anteriores, corrigiu o texto original, apontou atualizações necessárias, colaborou diretamente na atualização do conteúdo, co-inspirou a transformação desta 4ª edição revisada e atualizada e, essencialmente, restaurou o *Jogo de Comum-Unidade Íntima* que, juntos, compartilhamos no aqui e agora.

Seminário Jogos Cooperativos - Formação Holística de Jovens - Unipaz. Brasília - DF (2011)

O MEU OLHAR é nítido como um girassol.
Tenho o costume de andar pelas estradas
Olhando para a direita e para a esquerda,
E de vez em quando olhando para trás...
E o que vejo a cada momento
É aquilo que nunca antes eu tinha visto,

E eu sei dar por isso muito bem...
Sei ter o pasmo essencial
Que tem uma criança se, ao nascer,
Reparasse que nascera deveras...
Sinto-me nascido a cada momento
Para a eterna novidade do Mundo...

Creio no mundo como um malmequer,
Porque o vejo. Mas não penso nele
Porque pensar é não compreender...
O Mundo não se fez para pensarmos nele
(Pensar é estar doente dos olhos)
Mas para olharmos para ele
E estarmos de acordo...

Eu não tenho filosofia: tenho sentidos...
Se falo na Natureza
Não é porque saiba o que ela é,
Mas porque a amo, e amo-a por isso,
Porque quem ama nunca sabe o que ama
Nem sabe por que ama, nem o que é amar...

Amar é a eterna inocência,
E a única inocência é não pensar...

Fernando Pessoa

Sumário

Prefácio - 1ª edição

Apresentar o trabalho do amigo Fábio Brotto é motivo de satisfação e orgulho. Primeiro, porque tive o prazer de acompanhar seus estudos que culminaram na sua dissertação de mestrado, na FEF-UNICAMP, origem desta publicação. Para mim, foi um momento de felicidade e de raro aprendizado. Segundo, porque tenho a convicção e, mais uma vez, a oportunidade de afirmar que se trata de uma obra de referência para diversas áreas do conhecimento.

Nesta obra, com extrema competência, Fábio contribui para as discussões a respeito de temas polêmicos como Jogo, Esporte, Educação, Pedagogia. Ele nos mostra que o Jogo Cooperativo é muito mais do que um jogo, é um facilitador no processo de "ensinagem" da pedagogia do esporte e, sobretudo, da "ensinagem" social.

Este estudo apresenta um lado provocativo e intrigante: em uma época em que a competição se tornou o eixo de diversas discussões e diferentes abordagens acerca do jogo e do esporte, Fábio Brotto propõe a mudança de eixo para cooperação, sinalizando, assim, através dos Jogos Cooperativos, novas possibilidades no processo de educação do ser humano, priorizando o jogo e o esporte, agregados a valores, princípios e modos de comportamento.

Neste contexto, Fábio estimula a reflexão, ao mesmo tempo que destaca a importância dos jogos cooperativos no processo de construção de uma sociedade mais justa.

Prof. Dr. Roberto Rodrigues Paes

Docente e ex-diretor da Faculdade de Educação Física da UNICAMP e Prefeito da Cidade Universitária "Zeferino Vaz" – UNICAMP

Prefácio - 4ª edição

Há perguntas que gostaríamos de ter feito, mas, quando surgem, já não está aqui quem poderia respondê-las. Isso me aconteceu muitas vezes. As que lastimo de maneira especial são as que foram provocadas em mim pela leitura do último parágrafo de *O espírito da política*, livro do filósofo Raimon Panikkar, falecido.

Ele conta que um primo de um aluno seu, engajado nas forças de paz criadas durante o governo de John Kennedy, fora enviado como docente para um povoado pequeno na África. Lá deu aulas de ginástica e de esportes para os mais jovens. Certo dia foi ao encontro deles com uma cesta cheia de guloseimas e lhes propôs: "Veem aquela árvore ali, a uns duzentos metros? Bem, eu vou contar até três e vocês vão sair correndo. O primeiro que a tocar ganhará esta cesta".

Exultantes, os jovens aguardaram, alinhados, o comando do professor e, ao ouvirem o "três", sem combinar nada, deram-se as mãos e saíram todos juntos em disparada.

O que os motivou a darem-se as mãos e a querer tocar a árvore juntos? Quais os valores presentes na educação familiar e na comunidade a que esses jovens pertenciam? Por que dividir o prêmio se cada um tinha a chance de vencer e guardá-lo para si? No entendimento deles, a felicidade partilhada é mais intensa do que a que se conquista individualmente? Essas são algumas das perguntas que gostaria de ter dirigido ao Professor Panikkar. E ainda uma outra: Por que finalizou seu livro sobre Política e Democracia com esse relato?

Além de estarmos imersos na biosfera, nós, humanos, habitamos uma noosfera – uma rede de ideias, valores, crenças, instituições, visões de mundo que cria a temperatura e o repertório da cultura a que pertencemos. O individualismo, a competição, a busca de notoriedade e sucesso, a acumulação e o consumo voraz não foram e não serão as únicas modalidades de ser e estar no mundo da nossa espécie. Houve, e ainda há, outras narrativas e formas de socialização que hoje promovem o que denomino, por falta de outra expressão consagrada, "novas tecnologias de convivência".

Os Jogos Cooperativos ocupam um lugar relevante na construção de um conviver saudável e desejável ao propiciarem mudanças nas relações e nas estruturas sociais quebradas pela desconfiança que reina onde todos se sentem competidores. Como salienta, neste livro, o Professor Fábio Brotto, "são jogos de compartilhar, unir pessoas, despertar a coragem para assumir riscos, tendo pouca preocupação com o fracasso e o sucesso em si mesmos, (...) reforçam a confiança pessoal e interpessoal, uma vez que ganhar ou perder são apenas referências para o contínuo aperfeiçoamento de todos".

Eis por que celebro esta 4ª edição revisada e ampliada, em que o autor sistematiza a experiência acumulada ao longo de doze anos, trabalhando com milhares de pessoas dos setores mais diversos da sociedade brasileira. Cursos de pós-graduação, oficinas, palestras, programas socioeducativos, capacitações de grupos empresariais e intervenções lúdicas em espaços públicos tornaram sua ação pedagógica um macroprojeto de transformação comportamental, no qual é possível a experiência da aceitação mútua, o respeito, a empatia, o prazer e a alegria compartilhados – singularidade e complementaridade que emergem apenas quando estamos juntos.

Gratidão renovada, Fábio, por nos aproximar daqueles jovens africanos para quem a felicidade acontece quando estamos de mãos dadas!

Lia Diskin

Cofundadora da Associação Palas Athena

Para abrir os olhos e enxergar com o coração

*"Hoje, me sinto mais forte, mais feliz,
quem sabe. Só levo a certeza de que
muito pouco eu sei. Eu nada sei."*

Almir Sater e Renato Teixeira

Jogos Cooperativos é um tema que vem merecendo a atenção de pesquisadores de diversas áreas e em diferentes países, como, por exemplo, Estados Unidos, Canadá, Espanha, Escócia e Austrália. Atualmente, o Brasil é uma importante referência nesse campo, onde, já há mais de 20 anos, se desenvolvem inúmeras ações com repercussões bastante positivas, fazendo da proposta de Jogos Cooperativos um objeto de reflexão, investigação e aplicação cada vez mais alinhado com as soluções esperadas para os desafios deste novo tempo.

A intenção deste trabalho é focalizar os *Jogos Cooperativos* e sua interface com a *Pedagogia do Esporte*, destacando os principais aspectos que os fazem ser uma das mais eficientes abordagens para promover o *Exercício de Convivência* tão fundamental para o desenvolvimento pessoal e para a transformação social por meio do Jogo e do Esporte.

A convivência é uma condição inexorável da vida cotidiana. Na medida em que melhoramos a qualidade de nossas relações interpessoais e sociais, aperfeiçoamos nossas competências para gerarmos soluções benéficas para problemas comuns e aprimoramos a qualidade de vida na perspectiva de melhorá-la para todos. É somente pela convivência que somos capazes de superar as necessidades básicas de sobrevivência e de nos libertarmos para aspirar níveis cada vez mais complexos de transcendência. Para tanto, precisamos de um movimento concentrado, a fim de dinamizar processos de interação social que resultem em uma dimensão ampliada da convivência humana.

A esse respeito, Setubal (1998) comenta que, para essa realização, o empenho deve vir da reunião de esforços entre governantes e outros setores da sociedade que detêm poder, como o setor privado. Segundo ela, essa convergência de esforços é importante para

> *estimular e difundir práticas de solidariedade e de cooperação, o exercício da cidadania plena e a garantia e a ampliação dos direitos básicos. Isso exige profunda mudança de atitudes e de valores, no lugar do individualismo, calcado no consumismo irrestrito, que não soluciona nossos problemas*[2].

Nesse sentido, é preciso resgatar nosso potencial para vivermos juntos e realizarmos objetivos comuns. Necessitamos aperfeiçoar nossas **Habilidades de Relacionamento** e aprender a viver uns com os outros, ao invés de uns contra os outros.

---

2 Maria Alice SETUBAL, *Folha de S.Paulo,* 6 de out. de 1998. A autora é socióloga, doutora em Psicologia da Educação e mestre em Ciência Política. É presidente da Fundação Tide Setubal e do Cenpec.

Nosso principal desafio, me parece, é colaborar para construir pontes que encurtem as distâncias, diminuam as fronteiras e aproximem as pessoas umas das outras.

A construção dessas pontes constitui um exercício permanente de revisão filosófico-pedagógica de nossas atividades, programas e demais intervenções praticadas diariamente na escola, na empresa, na comunidade, no clube, na universidade, com a família, com os outros e... com a gente mesmo.

Desse modo, reconheço que a educação para uma nova geração deve ser fundamentada em uma Pedagogia Transdisciplinar, que, segundo Nicolescu (1997), está baseada em quatro aspectos (Fig. 01):

- Aprender a conhecer
- Aprender a fazer
- Aprender a ser
- Aprender a viver junto

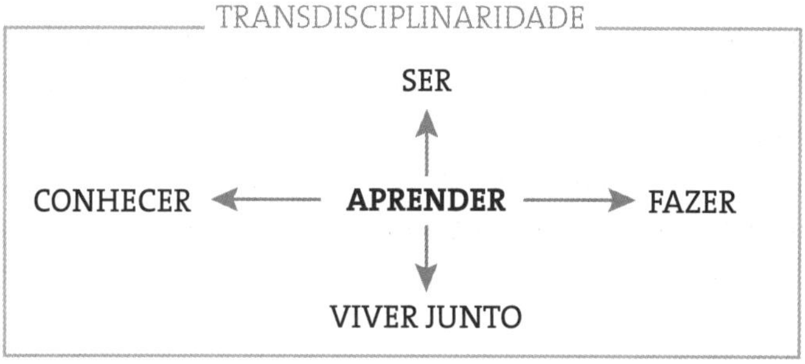

Fig. 01 - Dimensões da Educação Transdisciplinar (adaptado por Brotto, 2001)

Entendo que aprender é sempre uma aprendizagem compartilhada, ocorrendo em uma situação dinâmica de coeducação e cooperação na qual todos são simultaneamente professores-e-alunos. Nessa educação, o foco da aprendizagem não está somente sobre o objeto a ser conhecido, nem sobre o resultado a ser alcançado, mas está projetado sobre a qualidade das interações cooperativas presentes no processo de descoberta e transformação da realidade.

Sobre a importância de ultrapassar os limites que separam as diferentes áreas de investigação e intervenção da/na realidade, somos advertidos por Prigogine & Strengers (1997) quando sugerem que *devemos aprender, não mais a julgar a população dos saberes, das práticas, das culturas produzidas pelas sociedades humanas, mas a cruzá-los, a estabelecer entre eles comunicações inéditas que nos coloquem em condições de fazer face às exigências sem precedentes da nossa época.*

A perspectiva Transdisciplinar nos desafia a descobrir caminhos diferentes para aprender e para conviver, particularmente em momentos de crises e transformações. Consciente da complexidade e da importância desta co-aprendizagem, é que faço a escolha pelo caminho dos **Jogos Cooperativos como um Exercício de Convivência.**

O Jogo e o Esporte, na perspectiva dos Jogos Cooperativos, são contextos extraordinariamente ricos para o desenvolvimento pessoal e para a convivência social. Quando jogamos cooperativamente, podemos nos expressar autêntica e espontaneamente como alguém que é importante e tem valor, essencialmente por ser quem é, e não pelos pontos que marca ou resultados que alcança.

Desta forma, podemos aprender que o verdadeiro valor do Jogo e do Esporte não está em somente vencer ou perder, nem em ocupar os primeiros lugares no pódio, mas está também, e fundamentalmente, na oportunidade de jogar juntos para transcender a ilusão de sermos separados uns dos outros, coevoluindo para a experiência de jogar e viver em comum-unidade.

Contudo, o Jogo e o Esporte merecem uma ampla, profunda e constante revisão sobre suas bases filosófico-pedagógicas, se desejarmos tê-los como um processo de ensino-aprendizagem capaz de favorecer de fato o Encontro ao invés do Confronto.

Assim, **o principal objetivo** deste estudo é explorar e descrever os **Jogos Cooperativos** como uma Visão-Ação (Filosofia-Pedagogia) (Fig. 02), capaz de promover a Ética da Cooperação e desenvolver as competências humanas necessárias para a melhoria da qualidade de vida atual e, fundamentalmente, para a vida das futuras gerações. Daí a ideia dos Jogos Cooperativos como um Exercício de Convivência.

Fig. 02 - Visão-Ação e Ética da Cooperação

A partir dessa ideia, **o problema** impulsionador desta investigação é a necessidade de compreender como podemos promover ações e relações educativas, capazes de contribuir para diminuir as barreiras e estreitar as distâncias que têm separado pessoas, grupos, sociedades e nações, assim como têm nos afastado da interação harmoniosa com a natureza e outras dimensões da realidade.

Essa *"ilusão de separatividade"*, conforme Weil (1987), está na raiz das principais questões e dos mais graves conflitos que assolaram a humanidade no final do século e ainda assolam no início deste milênio.

Portanto, o desafio radical assumido aqui é incentivar a construção consciente de uma pedagogia, intencionalmente dirigida ao **exercício da convivência e prática da cooperação para a realização, não de um mundo melhor, mas do melhor mundo que pudermos realizar juntos!**

"Carta da Terra"- Rio + 5 (1997)

Para seguirmos nessa direção, focalizaremos o assunto por meio da lente oferecida pela Visão Holística (Capra, 1982, 1998 e Crema, 1992) e pela Abordagem Transdisciplinar (D'Ambrósio, 1997, e Nicolescu, 1997, 1999), buscando uma convergência integradora das diferentes interfaces presentes no diálogo entre os Jogos Cooperativos, a Pedagogia do Esporte e o Exercício de Convivência.

Concluindo esta introdução, relembro alguns dos principais pontos apresentados até aqui:

- Considero o Jogo e o Esporte como fenômenos humanos importantes e capazes de nos auxiliar no aperfeiçoamento do nosso jeito de compreender e viver a vida.

- Aprimorando nosso "Estilo de Jogo", poderemos ultrapassar a lógica da separação e da exclusão e passar a praticar a vida como um exercício de convivência e de cooperação.

- Quando incluímos a Ética do Jogo Cooperativo em nosso cotidiano, recuperamos o gosto pela aventura e ousadia e o senso de participação com liberdade e responsabilidade; tomamos consciência de ser parte e todo; desfrutamos da beleza da criação; colaboramos para a transformação de barreiras em pontes e de adversários em solidários; e compartilhamos o profundo e sincero desejo de continuar jogando... e Convivendo.

Este estudo é, e continuará sendo, um desafio pessoal assumido com muito entusiasmo e espírito de aventura. Mas, também, um convite!

É um convite para sermos parceiros neste Jogo que, a partir de agora, de um modo ou de outro, já não é mais meu, começa a ser seu e poderá vir a ser nosso.

Por isso, sigamos em frente Jogando... Juntos!

Pré-Festival de Jogos Cooperativos. Sesc - Taubaté - SP (2001)

O Jogo numa Sociedade em Transformação

"Vivendo e aprendendo a jogar.
Vivendo e aprendendo a jogar.
Nem sempre ganhando.
Nem sempre perdendo.
Mas, aprendendo a jogar."

Guilherme Arantes

1. O Jogo: conceitos e abordagens

Em uma das mais clássicas obras produzidas sobre o jogo, *Homo Ludens*, seu autor, Johan Huizinga, considera o Jogo como algo que é anterior à própria civilização e que, portanto, necessita ser abordado com uma boa dose de reverência, isto é, com o devido zelo para observá-lo de acordo com suas relações históricas, culturais e sociais. Para ele

> *o jogo é uma atividade ou ocupação voluntária, exercida dentro de certos e determinados limites de tempo e de espaço, segundo regras livremente consentidas, mas absolutamente obrigatórias, dotado de um fim em si mesmo, acompanhado de um sentimento de tensão e de alegria e de uma consciência de ser diferente da "vida cotidiana".* (Huizinga, 1996, p. 33)

Respeitando profundamente o pioneirismo de Huizinga e reconhecendo o valor de sua obra até os dias atuais, entendo que a noção de jogo, ao longo dos anos, transformou-se e diversificou-se bastante.

O jogo, desde suas primeiras manifestações, esteve imerso num ambiente muito dinâmico e de constantes modificações quanto às suas definições, aplicações e dimensões.

Alguns autores, entre eles Freire (1989), Bruhns (1993), Paes (1996) e Friedmann (1996), concordam com a ideia de que há muita controvérsia a respeito do jogo, especificamente sobre as noções de Jogo, Brincadeira, Brinquedo, Atividade Lúdica e Esporte.

As fronteiras entre brincadeira, jogo e esporte, são muito tênues e permeáveis, permitindo uma grande aproximação e interação entre essas diferentes manifestações. Dessa maneira, as distinções serviriam mais a uma exposição didática do assunto e menos a uma compreensão rígida e estanque sobre a dimensão lúdica da experiência humana. Tanto é assim que, para Freire (1998, p. 106), *"é possível incluí-las todas no universo do jogo, considerando este a grande categoria do conjunto das produções lúdicas humanas".*

Concluindo seu ponto de vista, esse mesmo autor acredita que, quanto às finalidades do jogo, o propósito é desfrutar da *"oportunidade de conviver intimamente com as coisas do mundo, de modo a torná-las próximas de nós, mais conhecidas, menos amedrontadoras".* (p. 107)

Gostaria de destacar, dentre as várias dimensões da convivência oportunizada pelo jogo, aquela que nos permite aperfeiçoar a convivência com **os outros** existentes **dentro de nós mesmos**. Cuidar desse relacionamento íntimo, procurando conhecer, aceitar e dinamizar harmoniosamente os aspectos da nossa própria personalidade, é uma das principais atenções sinalizadas pelos Jogos Cooperativos, como veremos mais adiante.

Friedmann (1996), considerando que não existe uma teoria completa do jogo nem ideias admitidas universalmente, apresenta uma síntese dos principais enfoques projetados sobre o Jogo Infantil:

- **Sociológico:** Influência do contexto social no qual os diferentes grupos de crianças brincam;

- **Educacional:** Contribuição do jogo para a educação; desenvolvimento e/ou aprendizagem da criança;

- **Psicológico:** Jogo como meio para compreender melhor o funcionamento da psique, das emoções e da personalidade dos indivíduos;

- **Antropológico:** A maneira como o jogo reflete, em cada sociedade, os costumes e a história das diferentes culturas;

- **Folclórico:** Analisando o jogo como expressão da cultura infantil através das diversas gerações, bem como as tradições e os costumes através dos tempos nele refletidos.

1ª Turma Pós-graduação em Jogos Cooperativos. Santos - SP (2000)

Compreendo que, além desses, outros poderiam ser incluídos, como, por exemplo, o enfoque filosófico estudado por Santin (1987, 1994), por meio do qual somos incentivados a exercitar a reflexão ética sobre os valores humanos presentes (ou ausentes) no jogo.

Aliás, será sob a luz desse enfoque filosófico que, no decorrer desta obra, nos aprofundaremos para investigar o jogo como um meio para o desenvolvimento integral do ser humano e de aprimoramento de sua qualidade de vida (Fig. 03).

Fig. 03 - Dimensões do Ser humano

Considero o jogo como um espectro de atividades interdependentes, que envolve a brincadeira, a ginástica, a dança, as lutas, o esporte e o próprio jogo. Sobre essa base, sustento a ideia da aproximação entre o Jogo e a Vida, compreendendo ambos como reflexo um do outro:

Eu Jogo do jeito que Vivo e Vivo do jeito que Jogo

Por isso o jogo é tão importante para o desenvolvimento humano em todas as idades. Ao jogar, não apenas representamos simbolicamente a vida, vamos além. Quando jogamos, estamos praticando, direta e profundamente, um Exercício de Co-existência e de Re-conexão com a essência da Vida.

De acordo com a experiência que venho partilhando em alguns grupos através dos Jogos Cooperativos, pude observar um conjunto de características comuns tanto ao Jogo como a outras situações da Vida.

Tenho denominado esse conjunto de **"Arquitetura do Jogo-Vida"** (Fig. 04), porque permite olhar o Jogo e a Vida como um campo de exercício das potencialidades humanas, pessoais e coletivas, na perspectiva de solucionar problemas, harmonizar conflitos, superar crises e alcançar objetivos.

ARQUITETURA	JOGO-VIDA
Visão	Meta-Concepções e Valores Essenciais que orientam e dão sentido-significado. Filosofia, ética, visão de mundo e co-existência humana.
Objetivos	Alcançar objetivos, solucionar problemas e harmonizar conflitos.
Regras	Como uma referência flexível (implícita ou explícita) para iniciar e sustentar dinamicamente as ações e relações. Normas, leis, convenções.
Contexto	Acontece no aqui-e-agora, como uma síntese do passado-presente-futuro. É o campo de Jogo, o ambiente da Vida.
Participação	Interação plena e interdependente de todas as dimensões do ser humano: física-emocional-mental-espiritual, presentes no âmbito pessoal, interpessoal e grupal.
Comunicação	Diálogo buscando a compreensão ampliada e a ação correta em um dado momento e para cada situação.
Estratégias	Organização, planejamento e definição de ações. A Tática do Jogo.
Clima	O "astral", o "espírito", a "energia" presente no momento. Algo sutil e que faz diferença.
Resultados	Marcos e indicadores para balizar o processo de contínuo aperfeiçoamento. Muito além do ganhar e do perder.
Celebração	Instante para comemorar as realizações e renovar a aspiração de continuar Jogando-Vivendo.

Fig. 04 – A Arquitetura do Jogo-Vida

Com a descrição da **Arquitetura do Jogo** acima apresentada, o ponto que desejo destacar é que o JOGO pode ser visto e praticado não somente como uma atividade lúdica, característica da Educação Física e das Ciências do Esporte, muito embora nelas o jogo seja um de seus elementos fundamentais, mas também como uma das expressões da Consciência Humana no dia a dia.

2. O Jogo na Educação para o *Melhor do Ser*

A importância do jogo como elemento educacional é um fato reconhecido que não necessita ser mais discutido, embora deva ser sempre lembrado. Minha intenção é **refletir sobre que tipo de Jogo** nós necessitamos jogar atualmente, levando em conta que tipo de educação e sociedade pretendemos desenvolver.

Será que as brincadeiras e os jogos realizados na escola correspondem a uma verdadeira contribuição para a construção de um "Mundo Melhor"[3]?

"Construindo um Mundo Onde Todos Podem VenSer". Sesc - Taubaté - SP (2001)

Ao apontar essa questão, sinalizo, automaticamente, para a importância de investigar o jogo no âmbito da Educação, tanto formal como informal. Para avançarmos, veremos algumas considerações sobre a escola como um contexto para a aprendizagem e sobre o jogo como um de seus elementos pedagógicos.

Podemos apontar, conforme Friedmann (1996), algumas das principais características que a escola deve ter:

- Ser um elemento de transformação da sociedade;
- Considerar as crianças como seres sociais e construtivos;
- Privilegiar o contexto socioeconômico e cultural;
- Reconhecer as diferenças entre as crianças;
- Considerar os valores e a bagagem que elas já têm;
- Propiciar a todas as crianças um desenvolvimento integral e dinâmico;

3 *Visions of a Better World*, Brahma Kumaris World Spiritual University, 1993. *A Carta da Terra*, In Gadotti, M. A. – Pedagogia da Terra. São Paulo: Peirópolis, 2000 (p. 203 -209). *Plataforma por um Mundo Responsável e Solidário* – São Paulo: Polis – Instituto de Estudos, Formação e Assessoria em Políticas Sociais, 1998.

- Favorecer a construção e o acesso ao conhecimento;

- Valorizar a relação adulto/criança, caracterizada pelo respeito mútuo, pelo afeto e pela confiança;

- Promover a autonomia, criticidade, criatividade, responsabilidade e cooperação.

Nesse contexto, é interessante saber sobre a função do jogo como ação pedagógica, pois, de acordo com Freire (1989, p. 119), na educação escolar

> *o jogo proposto como forma de ensinar conteúdos às crianças aproxima-se muito do trabalho. Não se trata de um jogo qualquer, mas sim de um jogo transformado em instrumento pedagógico, em meio de ensino.*

Por meio do jogo são estabelecidas possibilidades muito variadas para incentivar o desenvolvimento humano em suas diferentes dimensões. Vejamos como Friedmann (1996, p. 66), baseando-se nos estudos de Piaget (1971), apresenta algumas dessas possibilidades:

Desenvolvimento da linguagem
Até adquirir a facilidade da linguagem, o jogo é o canal através do qual os pensamentos e os sentimentos são comunicados pela criança.

Desenvolvimento cognitivo
O jogo dá acesso a um maior número de informações, "tornando mais rico o conteúdo do pensamento infantil" (Friedmann, 1996, p. 64). Também, ao jogar, a criança consolida habilidades já adquiridas e pode praticá-las, de modo diferente, diante de novas situações.

Desenvolvimento afetivo
O Jogo é uma "janela" da vida emocional das crianças. A oportunidade de a criança expressar seus afetos e emoções através do jogo só é possível em um ambiente e espaço que facilitem a expressão: é o adulto quem deve criar esse espaço.

Desenvolvimento físico-motor
A exploração do corpo e do espaço leva a criança a se desenvolver. Piaget considera a ação psicomotora como a precursora do pensamento representativo

e do desenvolvimento cognitivo e afirma que a interação da criança em ações motoras, visuais, táteis e auditivas sobre os objetos do seu meio é essencial para o seu desenvolvimento integral.

Desenvolvimento moral
As regras do exterior são adotadas como regras da criança, quando ela constrói sua participação de forma voluntária, sem pressões. A relação de confiança e respeito com o adulto ou com outras crianças é o pano de fundo para o desenvolvimento da autonomia. E só a cooperação leva à autonomia.

Em outras palavras, a oportunidade de jogar repercute na ativação de todos os níveis do desenvolvimento humano: físico, emocional, mental e espiritual. Temos, no jogo, uma oportunidade concreta de nos expressarmos como um todo harmonioso, um todo que integra virtudes e defeitos, habilidades e dificuldades, bem como possibilidades de aprender a Ser... inteiro, não pela metade.

Jogando por inteiro, podemos desfrutar da inteireza uns dos outros e descobrir o Jogo como um extraordinário campo para a Re-Creação[4] pessoal e coletiva.

3. Re-Creando o Educador

Na Antiguidade, Sócrates[5] considerava os educadores como *"parteiros de ideias"*. Talvez, possamos recuperar um pouco dessa imagem e nos assumirmos como facilitadores do despertar das potencialidades latentes no Ser. Para tanto, é necessário que estejamos acordados, isto é, com a Consciência desperta o suficiente para podermos apoiar o despertar uns dos outros.

Sustentar este ciclo de mútuo despertar depende da disposição em promover reciclagens nos vários padrões e procedimentos educativos que trazemos na mochila pedagógica atrelada às nossas costas. Não quero dizer com isso que devemos abandonar o que aprendemos, mas re-ver essa aprendizagem, simultaneamente, quando nos dedicamos a preencher a "mochila" de outros, os quais, pretensiosamente, cremos, trazem-nas vazias. Penso, como tantos outros, que é preciso re-crear, re-educar o Educador, caracterizando-o como um mestre-aprendiz imerso num processo de formação e trans-formação permanente.

4 Lao-Tsé (1988, p. 5). "Crear é a manifestação da essência em forma de existência, criar é a transição de uma existência para outra existência". Aqui, o sentido dado a Re-Creação é o de recuperar o contato com a Essência da Vida.

5 Marylin Ferguson, 1980, p. 297.

De acordo com Friedmann (1996, p. 74), o Educador deve incluir em sua bagagem para esta viagem de co-educação, as seguintes habilidades:

- Propor regras e leis, em vez de impô-las. Os alunos, ao elaborarem e decidirem sobre as regras, exercitarão uma atividade política e moral;
- Possibilitar a troca de ideias para chegar a um acordo sobre as regras, praticando a descentralização e a coordenação de pontos de vista;
- Dar responsabilidade para fazer cumprir as regras e inventar sanções e soluções;
- Permitir julgar qual regra deverá ser aplicada;
- Fomentar o desenvolvimento da autonomia;
- Possibilitar ações físicas que motivem as crianças a serem mentalmente ativas.

Para a autora, a atuação do educador se altera conforme o tipo de atividade. No jogo espontâneo, que é livre, a criança tem prazer simplesmente por brincar, o educador é um observador e mediador de conflitos. Já no jogo dirigido, o educador é mais que um orientador: ele intervém na atividade, propondo desafios, colocando dificuldades progressivas no jogo para promover o desenvolvimento e fixar a aprendizagem. Como para ela é muito importante escolher adequadamente a atividade a ser proposta, indica três critérios para ajudar o educador a analisar a utilidade educacional de um jogo em grupo:

> *O jogo deve sugerir alguma coisa interessante e desafiante para as crianças; Um bom jogo em grupo deve possibilitar à criança avaliar os resultados de suas ações. Se o adulto impõe a avaliação como uma verdade, a criança se tornará muito dependente e insegura da sua própria habilidade de tomar decisões; A participação de todas as crianças durante o jogo é fundamental. (...) O contexto do jogo deve ser estimulante para a atividade mental da criança e, segundo suas capacidades, para a cooperação.* (Friedmann, 1996, p. 75)

Tendo o jogo como meio de ensino, é inevitável refletir não apenas sobre seu caráter educacional – se o jogo é ou não educacional –, mas assumir uma inquietação consciente que nos remete, permanentemente, para algumas questões fundamentais, tais como:

- O Jogo educa para quê? E para quem?

- Que visão de mundo e humanidade e que valores estão por trás dos jogos que jogamos e, especialmente, daqueles que propomos para crianças, jovens e adultos jogarem?

- Que Habilidades Humanas estão sendo sensibilizadas e potencializadas através dos jogos com que convivemos na escola, no clube, na rua, em casa, no trabalho...?

- Quais alternativas temos oferecido para jogar com autonomia e cooperação?

Ao adotarmos o jogo como uma pedagogia, assumimos o compromisso de recriá-lo constantemente, visando ao exercício crítico-criativo, permitindo àquele que participa do jogo, conhecer e experimentar, tanto o já existente como o que ainda está para existir.

A percepção das possibilidades de ***ExerSer*** (pôr o Ser em exercício) e de ***"InterSer"***[6] (Ser com os/nos outros) dada pelo jogo é uma das primeiras condições para que possamos escolher entre aceitar certas convenções ou discordar delas e, então, participar efetivamente do projeto de construção e transformação da sociedade em que vivemos.

4. Jogando numa Sociedade em Transformação

Estivemos percorrendo uma trilha pela qual pudemos entrar em contato com a noção de jogo e com seu papel no ambiente educacional. Agora, seguiremos construindo uma ponte – de mão dupla – entre o poder de transformação do jogo e sua correspondente influência na sociedade atual, porque, segundo Freire (1989, p. 117), *"o jogo não representa apenas o vivido, também prepara o devir".*

Para continuarmos este discurso, tomarei por base os estudos desenvolvidos por Terry Orlick[7], que, tendo investigado a relação entre Jogo e Sociedade em di-

6 "InterSer" é um termo proposto por Thich Nhat Hanh (ver bibliografia) para indicar a necessidade de nos considerarmos interdependentemente conectados a todos e a tudo.

7 Terry Orlick, PhD em Psicologia do Esporte, é um dos mais conceituados pesquisadores sobre o jogo e suas interfaces com o desenvolvimento social e cultural da humanidade, tendo inclu-

ferentes culturas, corroborou uma série de evidências que indicam o valor do Jogo para a manutenção ou transformação de crenças, valores e atitudes na vida.

Para esse autor, *"quando participamos de um determinado jogo, fazemos parte de uma minissociedade que pode nos formar em direções variadas".* (Orlick, 1989, p. 107)

Assim, a experiência de jogar é sempre uma oportunidade aberta, não determinada, para um aprender relativo. Dependendo dos princípios, valores, crenças e estruturas que estão por trás dessa "minissociedade-jogo", podemos tanto aprender a sermos solidários e cuidarmos da integridade uns dos outros, como, ao contrário, jogando, podemos aprender a nos considerarmos mais importantes que alguém e a nos importarmos muito pouco com o seu bem-estar.

A intencionalidade subjacente ao jogo é indicadora do tipo de papel social que se espera promover por meio desta pedagogia. De acordo com Orlick (1989, p. 108),

> *se os padrões das brincadeiras preparam as crianças para os seus papéis como adultos, então será melhor nos certificarmos de que os papéis para os quais elas estão sendo preparadas sejam desejáveis.*

Ao refletir sobre que papéis são desejáveis, sou levado a retroceder um pouco mais e pensar: desejáveis para que tipo de cenário?

Compreendo que vivemos um momento de estreita interdependência entre todas as formas de vida habitando o Planeta Terra. Todos temos o compromisso de zelar pelo bem-estar uns dos outros, visando a sustentar o processo de co-evolução no qual estamos imersos. Somos, cada indivíduo, de cada espécie e de todos os reinos, mutuamente importantes e corresponsáveis pela felicidade comum. Aliás, felicidade é um estado que só é possível quando é desfrutado, não apenas por um ou alguns, mas por todos, sem exceção.

Alguém acredita que é possível ser realmente feliz sozinho? E se por acaso achar que sim, crê que seria capaz de sustentá-la solitariamente ou em oposição a outros, por muito tempo?

Viver em sociedade é um exercício de solidariedade e cooperação destinado a gerar estados de bem-estar para todo o mundo, em níveis cada vez mais ampliados e complexos. Sendo um exercício, carece da *com-vivência* consciente de atitudes, valores e significados compatíveis com essa aspiração de felicidade interdependente.

---

sive realizado estudos em diferentes culturas ancestrais. É um dos principais precursores dos Jogos Cooperativos no mundo, sendo uma referência obrigatória para os estudos nessa área. Atualmente, também é editor-chefe do *Journal of Excellence*. Visite http://www.zoneofexcellence.ca

Assim, reafirmo o potencial do Jogo como um caminho para a transformação, pois, conforme Orlick (1989, p. 121),

> *os jogos são um elemento importante do ambiente natural, tanto quanto o lar, a comunidade e a escola. (...) Eles têm o potencial de ajudar a diminuir a lacuna que existe entre as atitudes declaradas dos adultos e o seu comportamento efetivo, entre o que as crianças dizem querer e o que recebem agora. (...) Portanto, é viável introduzir comportamentos e valores por meio de brincadeiras e jogos que, com o tempo, poderão afetar a sociedade como um todo.*

Confio em que, ao modificar o comportamento no jogo, criamos possibilidades para transformar atitudes em nossa vida. Porém, não há garantias de que isso venha a acontecer. E é justamente por essa boa dose de incerteza, que me sinto entusiasmado a continuar jogando com essa consciência... da Cooperação.

Dia de Jogos Cooperativos - Parque Olhos d'Água. Brasília - DF (2011)

A Consciência da Cooperação

"Nunca duvide da força de um pequeno grupo de pessoas para transformar a realidade. Na verdade elas são a única esperança de que isso possa acontecer."

Margaret Mead

Para dialogar sobre algumas das mais recentes abordagens sobre a Cooperação, destacando sua importância para o desenvolvimento do Ser Humano integral no exercício de sua cidadania... é preciso Re-parar! Re-parar e perceber a delicadeza do momento que estamos atualmente vivendo.

Diferentes pessoas, grupos e organizações, em diferentes lugares, estão reconhecendo a necessidade vital de reorientação do nosso "Estilo Competitivo" de jogar a vida, aperfeiçoando as possibilidades de conviver cooperativamente, pois

> *A cooperação contínua é talvez mais importante para o homem que para qualquer outra espécie, porque a ação humana tem um efeito direto sobre todas as outras espécies. Não só tem a capacidade de enriquecer ou destruir a si mesmo, como também a todo o ambiente natural.* (Orlick, 1989, p. 22)

Por essa razão, refletiremos sobre a Cooperação em algumas de suas diferentes dimensões – filosófica, antropológica, sociológica, psicológica, educacional, religiosa e biológica –, considerando conceitos e preconceitos, mitos e ritos, e outras ideias e experiências que contribuam para ampliar nossa compreensão sobre esse tema.

5. Do Paradigma da Competição para a Consciência da Cooperação

Antes de abordar a Consciência da Cooperação, faremos uma pequena análise sobre os conceitos de Competição e Cooperação.

Muitos estudos têm buscado compreender a competição e a cooperação, desde as clássicas abordagens de Morton Deutsch (1949)[8], no campo da psicologia social, e da antropóloga Margaret Mead (1962), até as concepções mais atuais apresentadas por Khon (1986), Johnson&Johnson (1989), Saraydarian (1990), Combs (1992), Henderson (1998), Ridley (2000), Carse (2003), Maturana (2004), Winston (2006) e, mais recentemente (2012), por Edward Wilson[9], cientista americano, em sua publicação intitulada *A Conquista Social da Terra* (tradução livre do *The Social Conquest of Earth*).

Apesar disso, esses estudos ainda não têm sido suficientes para evitar a polêmica que surge sempre que o assunto é tratado, pois, de acordo com a concepção deste trabalho, Cooperação e Competição são aspectos de um mesmo espectro que não se

8 Citado em Rodrigues, 1972, e em Orlick, 1989.

9 E.O.Wilson Biodiversity Foundation http://eowilsonfoundation.org/forthcoming-publications.

opõem, mas se compõem. No entanto, essa composição dos contrários complementares interdepende de inúmeros fatores condicionados a um estado de permanente atenção e cuidado.

O senso comum costuma associar a Competição com o Jogo, como se estes fossem sinônimos e como se um não pudesse existir sem o outro. Também é comum encontrar afirmações sobre a Cooperação, que se perpetuaram no tempo e no espaço da cultura popular:

- "Cooperação não tem graça".
- "Que vantagem a gente leva, se todo mundo ganha?".
- "Cooperar? Isso é uma utopia! É pra outro mundo!".
- "E tem mais, a Competição faz parte da natureza humana, a gente nasce competindo!".

Afinal, Jogo e Competição são diferentes, ou Competição é sinônimo de Jogo, e vice-versa? E Competição e Cooperação, o que são? É possível Cooperar numa sociedade competitiva?

Competição e Cooperação são processos sociais e valores presentes no Jogo, no Esporte e na Vida. Porém, não representam nem definem e muito menos substituem a natureza do Jogo, do Esporte e da Vida. Somente o melhor conhecimento desse processo pode oferecer condições para dosar Competição e Cooperação adequadamente.

Os estudos de Deutsch (1949) fornecem uma série de evidências relacionadas ao comportamento de indivíduos em pequenos grupos quando colocados diante da necessidade de alcançar metas, ou solucionar conflitos.

Rodrigues (1972, p. 149) apresenta algumas hipóteses levantadas por Deutsch, as quais *"receberam inequívoco apoio experimental no teste a que foram submetidas"* (Fig. 05).

SITUAÇÃO COOPERATIVA	SITUAÇÃO COMPETITIVA
Percebem que o atingir de seus objetivos é, em parte, consequência da ação dos outros membros.	Percebem que o atingir de seus objetivos é incompatível com a obtenção dos objetivos dos demais.
São mais sensíveis às solicitações dos outros.	São menos sensíveis às solicitações dos outros.

SITUAÇÃO COOPERATIVA	SITUAÇÃO COMPETITIVA
Ajudam-se mutuamente com frequência	Ajudam-se mutuamente com menor frequência.
Há maior homogeneidade na quantidade de contribuições e participações.	Há menor homogeneidade na quantidade de contribuições e participações.
A produtividade em termos qualitativos é maior.	A produtividade em termos qualitativos é menor.
A especialização de atividades é maior.	A especialização de atividades é menor.

Fig.05 - Situação Cooperativa e Situação Competitiva (modificado por Brotto, 1997)

Em síntese, há uma **situação competitiva** quando, *"para que um dos membros alcance seus objetivos, outros serão incapazes de atingir os seus"*. E uma **situação cooperativa** é aquela em que

> *os objetivos (goal regions) dos indivíduos de uma situação são de tal ordem que, para que o objetivo de um indivíduo possa ser alcançado, todos os demais integrantes da situação deverão igualmente alcançar seus respectivos objetivos.* (Deutsch, 1949, apud Rodrigues, 1971)

Estudando Competição e Cooperação como atitudes sociais, Zajonc (1973, p. 96) considerou que uma **atitude é competitiva** quando *"o que A faz é no seu próprio benefício, mas em detrimento de B, e, quando B faz, é em seu benefício, mas em detrimento de A"*. Por outro lado, ele define que uma **atitude é cooperativa** quando *"o que A faz é, simultaneamente, benéfico para ele e para B, e o que B faz é, simultaneamente, benéfico para ambos"*.

Baseado nessas ideias, minha compreensão sobre o tema é a seguinte:

- **Cooperação:** é um processo em que os objetivos são comuns, as ações são compartilhadas e os resultados são benéficos para todos.

- **Competição:** é um processo em que os objetivos são mutuamente exclusivos, as ações são individualistas e somente alguns se beneficiam dos resultados.

PROCESSOS SOCIAIS

COOPERAÇÃO	**COMPETIÇÃO**
Objetivos comuns	Objetivos Exclusivos
Ações compartilhadas	Ações Individualizadas
Benefícios para Todos	Benefícios para Alguns

Entendo Cooperação e Competição como processos distintos, porém não muito distantes. As fronteiras entre eles são tênues, permitindo certo intercâmbio de características, de maneira que podemos encontrar, em algumas ocasiões, uma competição-cooperativa e, em outras, uma cooperação-competitiva.

Admitindo essas aproximações, faz-se necessário redobrar a atenção sobre a dinâmica Cooperação-Competição, pois, sendo menos rigorosa a distinção entre elas, poderemos estar ainda mais sujeitos a cometer equívocos.

Nesse sentido, somos advertidos, mais uma vez, por Deutsch quando, ao final de seu estudo sobre a natureza e o comportamento de grupos cooperativos e competitivos, concluiu que:

> *A intercomunicação de ideias, a coordenação de esforços, a amizade e o orgulho por pertencer ao grupo, que são fundamentais para a harmonia e a eficácia do grupo, parecem desaparecer quando seus membros se veem na situação de competir para a obtenção de objetivos mutuamente exclusivos. Ademais, há alguma indicação de que competição produz maior insegurança pessoal (expectativas de hostilidade por parte de outros) do que cooperação.* (apud Rodrigues, 1972, p. 151)

Preocupando-se com essa questão, Orlick (1989, p. 76) sugere que devemos examinar os meios e os fins de um comportamento específico, antes de afirmar ou não, sua conveniência relativa à determinada situação. Ele diferencia dois tipos de situações:

- Situações mais desejáveis: meios e fins são humanizadores;
- Situações menos desejáveis: meios e fins são desumanizadores.

Para esse autor, as relações "humanizadora" e "desumanizadora" se caracterizam por:

- **Relação Humanizadora**: bondade, consideração, compaixão, compreensão, cooperação, amizade e amor.

- **Relação Desumanizadora**: falta de interesse para com o sofrimento do outro, crueldade, brutalidade e a desconsideração geral para com os valores humanos.

Estas relações são pontos extremos de uma escala de atitudes que Orlick (1989, p. 106) denomina: *"Tabela Sequencial de Competição-Cooperação"* (Fig. 06).

COMPORTAMENTO	ORIENTAÇÃO	MOTIVAÇÃO PRINCIPAL
Rivalidade competitiva	Anti-Humanista	Dominar o outro. Impedir que os outros alcancem seu objetivo. Satisfação em humilhar o outro e assegurar que não atinja seus objetivos.
Disputa competitiva	Dirigida para um objetivo (contra os outros)	A competição contra os outros é um meio de atingir um objetivo mutuamente desejável, como ser o mais veloz ou o melhor. O objetivo é de importância primordial e o bem-estar dos outros competidores é secundário. A competição é, às vezes, orientada para a desvalorização dos outros.
Individualismo	Em direção ao ego	Perseguir um objetivo individual. Ter êxito. Dar o melhor de si. O foco está em realizações e desenvolvimentos pessoais ou o aperfeiçoamento pessoal, sem referência competitiva ou cooperativa a outros.
Competição cooperativa	Em direção ao objetivo (levando em conta os outros)	O meio para se atingir um objetivo pessoal, que não seja mutuamente exclusivo, nem uma tentativa de desvalorizar ou destruir os outros. O bem-estar dos competidores é sempre mais importante do que o objetivo extrínseco pelo qual se compete.
Cooperação não competitiva	Em direção ao objetivo (levando em conta os outros)	Alcançar um objetivo que necessita de trabalho conjunto e partilha. A cooperação com os outros é um meio para se alcançar um objetivo mutuamente desejado, e que também é compartilhado.

COMPORTAMENTO	ORIENTAÇÃO	MOTIVAÇÃO PRINCIPAL
Auxílio cooperativo	Humanista-altruísta	Ajudar os outros a atingir seu objetivo. A cooperação e a ajuda são um fim em si mesmas, em vez de um meio para se atingir um fim. Satisfação em ajudar outras pessoas a alcançar seus objetivos.

Fig. 06 – Tabela sequencial de Competição - Cooperação (Orlick, 1989)

Como seres humanos, individual ou coletivamente falando, somos capazes de atos de extrema violência contra os outros ou contra nós mesmos ("rivalidade competitiva"). Do mesmo modo, porém em direção oposta, somos extraordinariamente aptos para nos doar, incondicionalmente, aos outros ("auxílio cooperativo").

Do meu ponto de vista, parece não existir uma *natureza* competitiva ou cooperativa que determine o comportamento humano. Imagino que nossa natureza seja uma **natureza de possibilidades**. Temos a possibilidade e a capacidade de escolher nosso Jeito de Ser e nosso modo de conscientemente colaborar para a melhor qualidade de vida para todos.

Competir ou cooperar são possibilidades de se *ExerSer* no Mundo. Enquanto possibilidades, dependem da vontade, do discernimento e da atitude pessoal e coletiva para se concretizarem na realidade.

Somos educados e/ou condicionados para cooperar ou competir. Agora, cabe assumirmos a responsabilidade por nossas escolhas, mesmo que a escolha seja não escolher ou se deixar escolher por outros. Do contrário, arriscamos perpetuar *"a ilusão de separatividade"* (Weil, 1987) que, durante tanto tempo, sustentou o mito da competitividade como condição única para nossa existência e evolução.

Fiquemos atentos, porque

> *se nossa qualidade de vida futura, e talvez até nossa sobrevivência, depender da cooperação, todos pereceremos se não estivermos aptos a cooperar, a ajudar uns aos outros, a sermos abertos e honestos, a nos preocuparmos com os outros, com as nossas gerações futuras. (...) devemos nos afastar da competição cruel e começarmos a enfatizar a cooperação e a preocupação com os outros.* (Orlick, 1989, p. 182)

Realmente compartilho dessa visão.

**Não sou contra a Competição.
Sou francamente a favor da Cooperação.**

E adoto essa posição, não porque a Cooperação é boa e a Competição é ruim. Mas, porque acredito que a Cooperação é mais adequada e mais necessária, e não apenas para este momento, mas para os próximos tempos e para as gerações que virão.

Desmistificar a Competição e ritualizar a Cooperação pode nos ajudar a enxergar, com novos olhos, as velhas paisagens. E, desse modo, quem sabe, possamos descobrir novas passagens e "sacar" um jeito diferente de praticar o Jogo da Vida.

6. Muitos mitos, alguns ritos

Entre as causas que motivaram a realização deste trabalho, está o fato de existir uma série de mitos, preconceitos e ideias confusas em torno da Cooperação e da Competição.

Considerando como uma das funções da investigação científica a passagem do senso comum para o conhecimento consciente, refletiremos sobre alguns mitos e preconceitos que circulam em torno dos conceitos acima citados.

Para esta abordagem, tomarei como base os estudos de Guillermo Brown, que, em uma de suas publicações, *Jogos Cooperativos: teoria e prática* (1994), apresenta algumas das mais comuns e frequentes ideias associadas à Cooperação e à Competição que, de um modo geral, refletem um conhecimento ingênuo sobre o tema.

Sobre os (pré)conceitos citados por Brown, dialogaremos, juntamente com outros autores, buscando ampliar nossa visão, procurando encontrar sentidos e significados mais claros e precisos sobre este assunto.

"Você acredita que vai eliminar a competição?"

> *Não. Não vamos eliminá-la, mas esse fato não tira a possibilidade de analisá-la e propor alternativas.* (Brown, 1994, p. 40)

Muitas vezes, o simples fato de questionar algo já estabelecido implica a falsa impressão da obrigatoriedade de, ao fazê-lo, contradizê-lo, negá-lo ou modificá-lo. Isso pode explicar alguns casos de verdadeiro temor em refletir, perguntar, indagar sobre este ou qualquer outro tema.

Evidentemente, não é esse o meu entendimento. Estou me dispondo a abrir os olhos para poder ver melhor a realidade da qual somos parte-todo integrante. Acredito na importância de promover a Cooperação. Sou francamente favorável à Cooperação como uma Ética Essencial para a Convivência Humana e intimamente atrelada ao desejo de construir um Mundo Melhor... para todos.

"Se não tem competição, qual é a graça?"

> *Esse comentário indica aquilo que muitos pensam: que a competição é o elemento que dá "graça" a um jogo; que o fato de ter um ganhador é importante (e condição necessária) para mostrar as capacidades do jogador.*
> *O desafio (...) é a superação coletiva de algum obstáculo externo ao grupo. E, para conseguir superá-lo, necessita-se da colaboração de cada um dos participantes, não somente dos melhores, dos mais fortes ou dos mais ágeis.* (Brown, 1994, p. 40)

Nem sempre as crianças, jovens e adultos que participam direta ou indiretamente de uma "competição", realmente se divertem. É comum observar que a diversão está restrita ao final do jogo, quando aquele que vence celebra a vitória. Nesses casos, a competição é tida como um elemento motivador/desafiador e não propriamente como promotora da "graça", alegria ou divertimento.

Pós-graduação em Jogos Cooperativos - Turma 1
Florianópolis - SC (2010)

Desafio e "graça" são componentes fundamentais para nossa co-existência. Eles podem ser promovidos por diferentes meios, preferencialmente por Jogos e Esportes que sirvam para desenvolver um interesse genuíno pela segurança e o bem-estar uns dos outros.

"Na competição, cada um dá mais de si, assim que os resultados são melhores".

> *Muitas pesquisas foram realizadas, comparando situações de cooperação e competição. David e Roger Johnson publicaram uma sistematização, isto é, uma resenha de várias pesquisas baseadas no mesmo tema. Parte do seu estudo abrangeu 109 pesquisas: 65 concluíram que a cooperação produz melhores resultados do que a competição; oito concluíram o contrário e 36 não encontraram nenhuma diferença.* (Brown, 1994, p. 40)

David e Roger Johnson (1989) realizaram inúmeras pesquisas sobre a Competição e a Cooperação, particularmente no contexto educacional. A maior parte de suas conclusões indica que o processo ensino-aprendizagem é enriquecido quando os alunos são colocados em situações de aprendizagem cooperativa. Esses estudos são uma referência importante para a Pedagogia, devendo constituir-se num conjunto de informações que, por seu caráter científico, deve orientar ações e relações educacionais numa nova perspectiva de ensinar e aprender uns com os outros.

Além desse estudo, temos Deutsch[10] que, em uma de suas pesquisas, obteve como resultados a indicação de que

> *a cooperação, e não a competição dentro de um grupo, leva à maior coordenação dos esforços, maior diversidade na quantidade de contribuições dos membros, maior atenção aos companheiros, maior produtividade por unidade de tempo, melhor qualidade dos resultados, maior amizade, e a avaliação mais favorável do grupo e de seus resultados ao sentimento mais intenso de apreciação pelos companheiros.*

Tanto para a educação em geral como para outras relações sociais e de produção, deveríamos nos pautar pelas evidências demonstradas por esses e por tantos outros estudos.

---

10 apud Orlick, 1989, p. 24.

"A competição é boa enquanto é sadia".

> *(...) é difícil falar de competição "boa" ou "má". No melhor dos casos, a competição nos leva a ver os outros com desconfiança. No pior, pode provocar uma agressão direta. Em situação de competição, somos menos capazes de ver as coisas a partir da perspectiva do outro.* (Brown, 1994, p. 41)

Considerando o fato de vivermos em sociedade, sabemos que a qualidade de vida está intimamente ligada ao cuidado que dedicamos ao meio ambiente e, especialmente, ao "meio da gente"[11]. Se pretendermos ter uma vida saudável, é preciso saber nos colocarmos uns no lugar dos outros, visando a aprimorar as condições e a qualidade de nossa convivência.

A esse respeito, um estudo pioneiro realizado por Sherif et al.[12], deu apoio à hipótese de que

> *quando um grupo só pode atingir seus objetivos às custas de um outro, seus membros se tornarão mutuamente hostis, embora os grupos sejam compostos de indivíduos normais e bem ajustados. (...) Introduzir conflitos entre grupos visando a criar harmonia dentro de outros grupos, não é nem necessário nem justificável, e, em termos de cooperação e harmonia entre toda a humanidade, é contraprodutivo.*

Aprender a solucionar problemas, encontrar soluções positivas, dialogar, desenvolver e valorizar as virtudes, descobrir potenciais, assumir responsabilidades, sustentar um clima de bom humor, descontração, e ao mesmo tempo manter-se concentrado e flexível são habilidades fundamentais para superar crises e dificuldades. Essas habilidades precisam ser aprendidas e aperfeiçoadas.

A aprendizagem será melhor realizada oferecendo-se condições para a troca de experiências e construção coletiva de alternativas positivas, ao invés de estimular "falsos conflitos" com o pretexto de desafiar a criatividade. Somente através da

---

11 Durante a Eco-92, realizada no Rio de Janeiro, viu-se, circulando entre faixas, cartazes e camisetas, a mensagem: *"O meio ambiente começa no meio da gente"*. Uma alusão direta ao respeito e cuidado de uns com os outros seres humanos para podermos participar da recuperação da harmonia com os demais ecossistemas. E agora, a partir da Rio + 20, que mensagens estão circulando?

12 apud Orlick, 1989, p. 27.

aproximação e da empatia é possível recriar problemas e descobrir soluções de um modo pacífico, criativo e saudável para todos.

"E o esporte?"

> *O ensino de Educação Física não exige reforçar a competição. A Educação Física deve procurar desenvolver as destrezas de todos, e não somente dos melhores. Imagine se para o ensino de outra matéria – ciência, por exemplo – se fizesse uma prova para formar uma equipe, enquanto os outros assistem porque nada sabem. Há alternativas para os professores de Educação Física.* (Brown, 1994, p. 42)

Existem alternativas já consolidadas na Educação Física, sobretudo na Pedagogia do Esporte (Barbieri, 1996; Paes, 1996; Freire, 1998).

Além de buscar reafirmar a Educação Física como uma área de conhecimento importante para a formação humana, iniciativas dessa natureza são muito valiosas, porque, conforme Orlick (1989, p. 111),

> *praticamente todos os assassinos, estupradores e terroristas foram um dia crianças que brincavam e iam à escola. Se não aproveitarmos essa oportunidade de ensinar às crianças os valores humanos e fazer com que experimentem o valor das outras pessoas, estaremos cometendo um grave erro. (...) Devemos, portanto, mudar as habilidades de desempenho em habilidades humanas.*

Por meio de Jogos e Esportes, temos a oportunidade de ensinar-aprender e aperfeiçoar não somente gestos motores, técnicas e táticas, nem somente habilidades de desempenho que nos capacitam para jogar melhor. Isso é importante e é bom que seja muito bem feito. Contudo, a principal vocação da Educação Física e das Ciências do Esporte neste momento é promover a co-aprendizagem e o aperfeiçoamento de **Habilidades Humanas Essenciais**, tais como: criatividade, confiança mútua, autoestima, respeito e aceitação, *paz-ciência,* espírito de grupo, bom humor, compartilhar sucessos e fracassos e aprender a jogar uns com os outros ao invés de uns contra os outros... para VenSer juntos.

Inserido nesse contexto, proponho os Jogos Cooperativos como uma Pedagogia para o Esporte e para a Vida.

Dia de Jogos Cooperativos - Parque Olhos d'Água. Brasília - DF (2011)

"Mas o mundo é assim."

> *A competição é um fato, mas a experiência nos mostrou que se podem oferecer alternativas ante essa situação. Já sabemos competir; necessitamos pôr em prática a cooperação como alternativa para enfrentar os problemas e juntos buscar soluções.* (Brown, 1994, p. 42)

Sobre os mitos autoperpetuados que se estabeleceram a respeito da Cooperação e da Competição, penso que são em parte decorrência de uma interpretação incompleta e equivocada da *Teoria da Evolução das Espécies*, formulada por Charles Darwin. A esse respeito, Orlick (1989, p. 22) comenta que

> *desde a origem dos organismos unicelulares, há bilhões de anos, a vida em geral tem sido um misto de muita cooperação e competição limitada, tanto dentro das espécies como entre elas. O impulso para a cooperação é "predominante e biologicamente mais importante" no desenvolvimento social e biológico de todas as criaturas vivas. As espécies sobrevivem pelo aperfeiçoamento de sua capacidade de cooperação mútua. Pode-se afirmar claramente, então, que a lei básica da vida é a cooperação.*

Robert Augros (PhD em Filosofia) e George Stanciu (PhD em Física Teórica)[13] concordam com essa ideia, ao afirmarem que a *"natureza não é uma guerra entre um organismo contra os outros, mas é uma aliança baseada na cooperação".*

---

13 In: Combs, 1992, p. 131.

Festival de Jogos Cooperativos. Sesc - Taubaté - SP (2001)

Particularmente sobre o desenvolvimento e evolução da espécie humana, Darwin considerou que *"o valor mais alto para a sobrevivência está na inteligência, no senso moral e na cooperação social – e não na competição"* (Orlick, 1989, p. 21). Nós nos acostumamos tanto com a ideia de a Competição fazer parte da nossa natureza, que demos pouquíssima importância à outra parte, a Cooperação.

Estamos despertando para essa outra face da vida, do mundo, da realidade, de nós mesmos. Por isso, escolhi dedicar uma parte deste estudo para focalizar a *Consciência da Cooperação* como um contexto para a sustentação e o desenvolvimento da proposta de Jogos Cooperativos.

7. A Consciência da Cooperação... em Ação!

A cooperação, a solidariedade e o interesse pelo bem-estar comum são alguns dos principais focos de atenção mundial neste início de milênio, como podemos observar na declaração de Tenzin Gyatso – o XIV Dalai Lama, quando de sua primeira visita ao Brasil:

> *Creio que, para enfrentar o desafio de nossos tempos, os seres humanos terão que desenvolver um maior sentido de responsabilidade universal. Cada um de nós terá de aprender a trabalhar não apenas para si, sua família ou país, mas em benefício de toda a humanidade. A responsabilidade universal é a verdadeira chave para a sobrevivência humana.* (1992, p. 3).

O desenvolvimento da Cooperação como um exercício de co-responsabilidade para o aprimoramento das relações humanas, em todas as suas dimensões e nos mais diversificados contextos, deixou de ser apenas uma tendência, passou a ser uma necessidade e, em muitos casos, já é um fato consumado[14]. Porém, não é definitivo. É preciso nutrir e sustentar permanentemente o processo de integração da Cooperação no cotidiano pessoal, comunitário e planetário, reconhecendo-a como um "estilo de vida", uma conduta ética vital, que esteve consciente ou inconscientemente presente ao longo da história de nossa civilização.

Contrariando o mito da competição como forma de garantir a sobrevivência e a evolução humana, existe um conjunto amplo de evidências indicando que os povos pré-históricos *"que viviam juntos, colhendo frutas e caçando, caracterizavam-se pelo mínimo de destrutividade e o máximo de cooperação e partilha dos seus bens"* (Orlick, 1989, p. 17).

Ainda hoje, podemos encontrar culturas cooperativas em várias sociedades ancestrais existentes no planeta. Isso pode indicar uma boa discussão sobre a natureza competitiva do ser humano, pois se essa ideia fosse totalmente verdadeira, seria lógico encontrar nas comunidades ancestrais (representantes da porção mais natural da nossa espécie) traços de uma cultura predominantemente competitiva. Mas, será isso mesmo o que realmente acontece?

Erich Fromm (1973) analisou trinta culturas primitivas e as classificou com base na agressividade e no pacifismo. Nesse estudo, o autor identificou dois conjuntos de culturas distintas: uma mais orientada para a vida e outra mais destrutiva (Fig. 07).

SOCIEDADES ORIENTADAS PARA A VIDA	SOCIEDADES MAIS DESTRUTIVAS
Mínimo de hostilidade, violência ou crueldade; cobiça, inveja, individualismo ou exploração.	Violência interpessoal, destrutividade, agressividade, malícia e crueldade (dentro da tribo ou contra os de fora).
Ausência ou pequena ocorrência de punição rigorosa, crime e guerra.	Atmosfera geral é de hostilidade, medo e tensão.
Mulheres geralmente consideradas iguais aos homens. Crianças tratadas com amor e bondade.	Hierarquias são rígidas, e o comportamento é belicoso.
Há pouca competição, Existe muita cooperação.	Há excesso de competição.

14 Hazel HENDERSON, 1998. A autora apresenta vários exemplos sobre a presença da Cooperação em diferentes segmentos da sociedade atual, particularmente, na economia.

SOCIEDADES ORIENTADAS PARA A VIDA	SOCIEDADES MAIS DESTRUTIVAS
Prevalece atmosfera de confiança, autoestima e bom humor.	Ênfase na propriedade privada.

Fig. 07 - Sociedades e Culturas distintas (adaptado por Brotto, 2012 de Fromm, 1993)

Ora, se existem sociedades humanas pacíficas e cooperativas, e outras agressivas e competitivas, podemos inferir que, se há uma natureza humana possível de ser afirmada, esta seria uma **natureza de possibilidades**.

Tanto podemos ser cooperativos como competitivos. Aliás, entendo que somos as duas coisas simultaneamente. Neste caso, a questão passa ser: Qual a medida certa? Qual o momento adequado para competir ou cooperar? Com quem e de que forma? Até quando, cooperar e/ou competir?

A antropóloga Margaret Mead (1961), depois de ter analisado diferentes sociedades, concluiu que competição e cooperação são determinadas pela estrutura social. Considerando essa estrutura social como resultado das ações e relações dos membros de um grupo social, compreendo a Cooperação e a Competição como desdobramentos das nossas escolhas, decisões e atitudes praticadas na interação com outros indivíduos num pequeno grupo, comunidade, sociedade, país ou no ambiente das relações internacionais.

Somos socializados e socializamos os outros para a Cooperação e a Competição através da educação, da cultura e da informação. Portanto, tornar a sociedade Cooperativa ou Competitiva é uma ação política, isto é, uma arte pessoal e coletiva capaz de realizar o melhor *(im)possível* para todos.

Para Maturana (1995, p. 76), os seres humanos não são apenas animais políticos, mas, sobretudo, *"animais cooperativos"*, pois

> *tanto o viver político como o cooperativo implicam consenso, mas o fazem de maneira diferente. A coexistência política restringe a atenção ao viver sob o domínio da luta pela dominação e submissão, e a possibilidade que oferece para a expansão da inteligência se restringe a esse domínio. A coexistência cooperativa, ao contrário, expande a atenção para o viver em todos os domínios possíveis de coexistência e para a aceitação da legitimidade do outro.*

Para o autor, a cooperação é central na maneira humana de viver, como uma característica de vida cotidiana fundamentada na confiança e no respeito mútuo.

A esse respeito, Orlick (1989, p. 31) comenta que

> *a confiança mútua é mais provável de ocorrer quando as pessoas são positivamente orientadas para o bem-estar do outro. E o desenvolvimento dessa orientação positiva é incentivado pela experiência da cooperação bem-sucedida. A cooperação exige confiança porque, quando alguém escolhe cooperar, conscientemente coloca seu destino, parcialmente, na mão dos outros.*

Isso talvez nos ajude a entender um pouco melhor as dificuldades apresentadas por indivíduos e grupos que se dispõem a cooperar. Estivemos, durante muito tempo, nos educando, treinando e nos preparando para não nos mostrarmos aberta e autenticamente ao outro, dissimularmos, não nos expormos como somos intimamente sob o risco de revelar nossas "fraquezas" e, então, sermos atacados e derrotados pelos "temíveis adversários"... os outros seres humanos.

Podemos despertar dessa condição e olhar mais claramente sobre essa pseudoameaça – a presença do outro – que imaginamos estar nos cercando. Podemos fazer crescer nossa habilidade de fazer contato e nos integrarmos mutuamente.

Caminhos para esse exercício têm sido criados, construídos e experimentados. Orlick (1989, p. 30) nos indica que

> *gostamos das pessoas que cooperam conosco mais do que das pessoas que competem conosco (...). Quanto mais as pessoas tendem a gostar de nós, mais tendemos a gostar delas, e a cooperação parece ser a maneira de fazer a bola de neve crescer.*

Cooperação, confiança e respeito mútuo parecem ser um dos alicerces principais para a co-evolução humana. No entanto, precisamos reaprendê-los praticando esses valores por meio de nossos sentimentos, pensamentos, atitudes e relacionamentos no cotidiano.

Em síntese, desenvolver o interesse pelo bem do outro é uma fonte de motivação e compromisso com uma ética cooperativa. É um convite para colocar a Consciência da Cooperação em ação.

8. Ética da Cooperação

O mundo contemporâneo é um cenário de co-existência cada vez mais complexo, isto é, vivemos num ambiente de acentuadas e íntimas conexões, sendo cada uma delas parte-todo da grande *"Teia da Vida"* (Capra, 1998).

Na medida em que as fronteiras entre as nações diminuem, o grau de interdependência entre os povos se acentua, exigindo assim o necessário refinamento de nossas atitudes (ações, sensações, pensamentos, sentimentos e intuições) e de todos os relacionamentos: consigo mesmo, com os outros, com o ambiente.

Essa visão é compartilhada por Maturana (1990, 2004), Morin (1995), Boff (1997, 1998) que, de um modo geral, tecem suas percepções sobre a vida humana como o faz Orlick (1989, p. 124) quando comenta que

> *se nos grandes jogos da vida, como os jogos políticos, os financeiros e os de guerra, os participantes estivessem, interdependentemente, ligados ao outro lado, provavelmente começariam a entender, a aceitar e a empatizar com o "inimigo" anterior. (...) Se isso fosse possível em uma escala mais ampla, resultaria na formação de sentimentos de confiança e compaixão para toda a humanidade.*

Por meio deste redimensionamento atitudinal, poderemos alcançar a consciência de que somos todos membros de um mesmo e único grande Time. Consequentemente, a predisposição para tratar as questões locais com uma visão global[15] precisa traduzir-se numa práxis consistente e consciente, capaz de atender aos desafios que esse novo cenário vem nos lançando.

Em Orlick (1989, p. 182), encontramos ressonância ao entendimento que estamos expondo aqui. A esse respeito ele afirma que

> *todos os grandes problemas que confrontam o homem, inclusive a violência, a destrutividade, a guerra, a pobreza, a poluição, o crime, a corrupção, a exploração do homem pelo homem, e até mesmo as greves e a inflação desenfreada, podem ser solucionados por uma nova ética – uma Ética Cooperativa.*

São muitas as vias possíveis e já abertas para a consolidação de uma **Ética da Cooperação** na vida social, até mesmo porque, sob certa ótica, a *"Lei da Coopera-*

15 *"Pense globalmente e atue localmente"* – lema do movimento ecológico da década de 1980.

ção" (Saraydarian, 1990) está há muito tempo em operação nos diversos sistemas da vida.

Para isso, não bastam apenas as **boas intenções**, elas não se constroem sozinhas; é necessário e urgente que suas correspondentes **boas ações** sejam arquitetadas e operadas no dia a dia e em cada segmento da sociedade.

Dessa forma, proponho seguirmos juntos, procurando formar *"Organizações de Aprendizagem*

> *nas quais as pessoas expandem continuamente sua capacidade de criar os resultados que realmente desejam, onde surgem novos e elevados padrões de raciocínio, onde a aspiração coletiva é libertada e onde as pessoas aprendem continuamente a aprender em grupo".* (Senge, 1994, p. 68)

Co-aprendendo em Grupos de Cooperação poderemos articular cada vez melhor o potencial do Jogo e do Esporte como um Exercício de Convivência continuado e compartilhado para reencontrar *"o phyllum original do ser: o homem uno"*, como nos inspira Fontanella (1995, p. 131).

Curso Jogos Cooperativos. Prefeitura de Joinville - SC (2008)

Jogos Cooperativos: Origem e evolução

"Vemos as coisas como elas são e perguntamos: Por quê? Sonho com coisas que nunca existiram e pergunto: Por que não?"

George Bernard Shaw

Os Jogos Cooperativos surgiram da preocupação com a excessiva valorização dada ao individualismo e à competição exacerbada existente na sociedade moderna, mais especificamente na cultura ocidental. Considerada como um valor natural e normal da sociedade humana, a competição tem sido adotada como uma regra em praticamente todos os setores da vida social. Temos competido em lugares e em momentos nos quais não precisaríamos, e, muito menos, deveríamos. Temos agido assim como se fosse a única opção.

Os estudos de Weinstein & Goodman (1993) indicam claramente que: *"existe a necessidade para criar modelos cooperativos de jogar juntos, para oferecer um equilíbrio diante da competição que nos envolve. Sem alternativas cooperativas as quais possamos escolher, nós não saberemos discernir sobre quando a competição é o modo apropriado".*

De acordo com Terry Orlick (1989), nós não ensinamos nossas crianças a terem prazer em buscar o conhecimento, nós as ensinamos a se esforçarem para conseguir notas altas. Da mesma forma, não as ensinamos a gostar dos esportes, nós as ensinamos a vencer jogos.

A hipervalorização da competição se manifesta nos jogos por meio da ênfase no resultado numérico e na vitória. Os jogos tornaram-se rígidos e altamente organizados, dando a ilusão de que só existe uma maneira de jogar.

Para Spencer Kagan (1994, p. 23:1), *"as crianças não jogam jogos competitivos, elas obedecem a eles".* Isso porque provavelmente a orientação transmitida por uma parcela significativa de professores, pais e meios de comunicação, não oferece alternativa a serem experimentadas. Sem opções, não há escolha real. Existem apenas a obediência e a submissão ao que já existe.

Grande parte dos jogos conhecidos estimula o confronto ao invés do encontro. São situações capazes de eliminar a diversão e a pura alegria de jogar. Sendo estruturados para a eliminação de pessoas e para produzir mais perdedores do que vencedores, os jogos tornaram-se um espaço de tensão e ilusão.

Se fizermos um balanço de nossas experiências de jogar, na escola ou fora dela, verificaremos que pendem muito para o lado dos Jogos Competitivos. Nem sempre os programas de Educação Física, Esporte ou Recreação, enfatizam atividades dirigidas para que a competição deixe de ser um comportamento condicionado e para que sejam experimentadas outras formas de jogar e de se relacionar com os outros, com a natureza e consigo mesmo.

Com isso, os Jogos Cooperativos foram criados com o objetivo de promover a autoestima e o desenvolvimento de habilidades interpessoais positivas. Muitos deles são orientados para a prevenção de problemas sociais, antes de se tornarem problemas reais.

A esse respeito, Orlick (1989, p. 4) comenta que *"apesar de Jogos Cooperativos existirem em muitas culturas há séculos, em nossa cultura ocidental existem poucos jogos que são desenhados de forma a unir os jogadores em direção a uma meta comum e desejável a todos".*

Nesse sentido, resgatar, recriar e difundir os Jogos Cooperativos é um exercício de potencialização de valores e atitudes capaz de favorecer o desenvolvimento da sociedade humana como um todo integrado em todos os seus diversos campos de atuação: escolas, empresas, comunidades, famílias, ONGs, governos etc. Uma sociedade nem ideal, nem "normal". Não uma vida sem conflitos, problemas e aspirações, mas, sim, uma Comum-Unidade Real, com Seres Humanos dispostos a lidar com conflitos e objetivos de um modo diferente.

Baseado no respeito e confiança mútua, no reconhecimento da importância de todos e focando o bem-estar comum, podemos ser uma sociedade *altamente competente* (que é diferente de extremamente competitiva) para lidar positivamente com as crises atuais e futuras e encontrar, a partir delas, os diferentes caminhos para uma melhor qualidade de vida para todos.

9. Os primeiros movimentos

O Jogo Cooperativo não é a única nem a melhor maneira para promover qualidade de vida e bem-estar. Tampouco é uma novidade, coisa recente ou alternativa apenas para uns e outros inadaptados ao *status quo*. Mas, é algo que, conforme Orlick (1982, p. 4), *"começou há milhares de anos, quando membros das comunidades tribais se uniam para celebrar a vida".*

Segundo esse mesmo autor, alguns povos ancestrais como os Inuit (Alaska), os Aborígenes (Austrália), os Tasaday (Africa), os Arapesh (Nova Guiné) e os índios norte-americanos, entre outros, ainda praticam a vida cooperativamente através da dança, do jogo e de outros rituais. Aqui, no Brasil, temos muitos exemplos dessa Cooperação Essencial, tal como é a tradicional *Corrida das Toras*, dos índios Kanela.

De um modo ou de outro, a experiência do Jogo Cooperativo tem acompanhado nossa história. Seria maravilhoso poder investigar profundamente o assunto nessa perspectiva filogenética.

Contudo, dada a delimitação deste estudo, reconheceremos a evolução dos Jogos Cooperativos tendo como referência básica algumas pesquisas, publicações e experiências realizadas a partir da década de 1950 no mundo ocidental e, em particular, também aquelas realizadas no Brasil.

No mundo ocidental

Terry Orlick publicou, em 1978, o livro *Winning through Cooperation*. Pela riqueza de informações e amplitude da abordagem, essa obra é reconhecida mundialmente como uma das principais fontes de inspiração para a compreensão dos Jogos Cooperativos e para a produção de novas pesquisas e trabalhos sobre o assunto.

Essa importante publicação apresenta alguns dos pioneiros no desenvolvimento de Jogos Cooperativos. Vejamos a seguir, alguns dos mais destacados precursores citados por Orlick e, também, alguns outros incluídos como resultado de outras investigações:

- **(1950) – Ted Lentz** não apenas atuou na linha de frente do movimento de pesquisas para a paz, em meados da década de 1950, como também foi um pioneiro na área dos Jogos Cooperativos. Ele e Ruth Cornelius apresentaram algumas importantes estruturas de Jogos Cooperativos, descritos num manual intitulado *All together*.

- **(1972) – Jim e Ruth Deacove**, da Family Pastimes, de Perth, Ontário, Canadá, inventaram Jogos Cooperativos realmente inovadores. Para eles, os jogos não precisam ser de confronto e podem envolver valores positivos e atitudes de ajuda aos outros. Os jogos de salão ou de tabuleiro podem também ser reformulados para incentivar a cooperação e o espírito de ajuda. A abordagem básica de todos os jogos dos Deacove é completamente diferente da dos outros jogos encontrados no comércio. Estimulam o espírito de cooperação e a ideia de vencer em conjunto.

- **(1974) – David Earl Platts, Mary Inglis, Joy Drake e Alexis Edwards**, como membros do Departamento de Educação da Findhorn Foundation, criada em 1962 na Escócia, desenvolveram um método para promover a confiança pessoal e grupal, totalmente baseado em jogos. Esse método, chamado *Group Discovery* (Descoberta Grupal), influenciou os estudos e os trabalhos de muitas pessoas no mundo inteiro, particularmente, os de Terry Orlick, Andrew Fluegelman e Dale LeFevre.

- **(1976) – Marta Harrison** e os membros do *Comitê Amigos da Paz*, e outras pessoas que contribuíram para o livreto *For the fun of it*, criaram excelentes Jogos Cooperativos.

- **(1976) – Andrew Fluegelman** escreveu o *New Games Book* (*Livro de Novos Jogos*), registrando uma série de jogos (cooperativos e competitivos) realizados durante os três primeiros *Torneios de Novos Jogos* da *New Games Foundation.*

- **(1983) – Xesús R. Jares**, professor catedrático de Didática e Organização Escolar da Universidade La Coruña, Espanha, fundou o *Coletivo Educadores pela Paz da Nova Escola Galega.* Posteriormente, publicou inúmeras obras abordando os Jogos Cooperativos e sua interface com a Educação para a Paz.

- **(1987)** – O Educador Popular venezuelano **Guillermo Brown**, através da Guarura Ediciones, publica o primeiro livro sobre Jogos Cooperativos na América Latina, intitulado: *Qué tal si jugamos?.*

- **(1992)** – É publicado nos Estados Unidos o livro *Cooperative Learning*, de autoria do Dr. Spencer Kagan, criador do *Kagan Cooperative Learning*, centro de pesquisa e formação sobre Aprendizagem Cooperativa.

- **(2001)** – Uma obra de referência é publicada na Espanha por **Raul Omeñaca, Ernesto Puyelo e Jesús Vicente,** intitulada *Explorar, Jugar, Cooperar: bases teóricas y unidades didácticas para la Educación Física abordadas desde las actividades, juegos y métodos de cooperación.*

- **(2002)** – O professor espanhol, **Carlos Velázquez Callado**, juntamente com um grupo de educadores, constitui *El Colectivo de Docentes de Educación Física para la Paz – La Peonza.* Um centro de difusão da Cultura de Paz e Cooperação através da Educação Física Escolar.

Estes foram alguns dos primeiros passos para a sistematização do conhecimento e experiência em Jogos Cooperativos. Desde então, muitos estudos e trabalhos vêm se realizando no mundo inteiro, demonstrando que a proposta de Jogos Cooperativos vai muito além de um simples conjunto de atividades alternativas.

No Brasil

A partir de 1980, algumas ações localizadas começaram a promover os Jogos Cooperativos no Brasil. Atualmente, existe uma ampla e significativa difusão dessa proposta em nosso país, influenciando reflexões e transformações em diferentes segmentos da sociedade brasileira, especialmente na Formação de Educadores e de Gestores Organizacionais.

Um dos indicadores da inserção dos Jogos Cooperativos no cenário nacional é a presença desse tema dentro de programas de graduação e pós-graduação em diferentes universidades. Nesse contexto, temos observado o crescimento do interesse em pesquisar e produzir acadêmica e cientificamente sobre o assunto. Em breve, poderemos desfrutar de um conjunto bem mais amplo de monografias, dissertações e teses do que aquele que temos disponível até este momento.

Por trás da presença dos Jogos Cooperativos em diferentes setores e dimensões da vida nacional, existe uma história, uma cronologia, que marcou o caminho percorrido até aqui. Conhecê-la pode nos ajudar a descobrir por onde seguir, deste ponto para frente.

- **(1980)** – A Escola das Nações é fundada em Brasília, tendo como filosofia a Educação para a Paz e como um de seus principais pressupostos pedagógicos os Jogos Cooperativos e a Aprendizagem Cooperativa.

- **(1988)** – A Universidade Espiritual Mundial Brahma Kumaris apresenta uma edição piloto do manual ***Cooperação na sala de aula: um pacote para professores***, trazendo uma série de atividades cooperativas para a construção de um Mundo Melhor.

- **(1989)** – Publicada em São Paulo, pela Editora Círculo do Livro, **a primeira obra sobre Jogos Cooperativos** no Brasil: ***Vencendo a Competição,*** **de Terry Orlick**.

- **(1991)** – No Centro de Práticas Esportivas da USP (CEPEUSP), em São Paulo, os Profs. Fábio Brotto e Jofre Cabral de Menezes oferecem um **programa semestral de Jogos Cooperativos** aberto à comunidade universitária.

- **(1992)** – É criado o Projeto Cooperação – **Comunidade de Serviços**, uma organização plenamente dedicada à difusão dos Jogos Cooperativos e da Ética de Cooperação, por meio de oficinas, palestras, eventos, publicações e produção de materiais didáticos.

- **(1992)** – É realizada a **primeira Oficina de Jogos Cooperativos para Educadores,** promovida pelo Projeto Cooperação e Athenas Promoções, em Santos-SP.

• **(1993)** – No IV Congresso Holístico Brasileiro, em Salvador-BA, acontece, a convite da Profa. Neyde Marques, a **primeira realização de uma Oficina de Jogos Cooperativos,** em um evento nacional.

• **(1994)** – Publicação do **segundo livro no Brasil,** ***Jogos Cooperativos: teoria e prática,*** **de Guilhermo Brown,** em São Leopoldo-RS, pela editora Sinodal.

• **(1994)** – É promovido em Salvador-BA, o **I Encontro Jogos Cooperativos e Jogos Essenciais,** por Neyde Marques de Suryalaya - Centro de Pesquisas Transdisciplinares e Projeto Cooperação.

• **(1995)** – Com o propósito de reunir estudos e experiências realizadas no Brasil, é realizada pelo CEPEUSP (Centro de Práticas Esportivas da USP) a **I Clínica de Jogos Cooperativos: Educando para a Uni-Diversidade.** Simultaneamente é lançada a "Rede de Jogos Cooperativos".

• **(1995)** – Publicação do **primeiro livro de autoria nacional:** ***Jogos Cooperativos: se o importante é competir, o fundamental é cooperar,*** de Fábio Otuzi Brotto, pelo CEPEUSP. Mais tarde, em 1997, esta obra foi reeditada pela Editora Projeto Cooperação.

• **(1995)** – O livro ***Jogos Cooperativos: se o importante é competir, o fundamental é cooperar,*** é indicado como uma das **referências teóricas do Programa Esporte Educacional** do Instituto Nacional para o Desenvolvimento do Esporte (INDESP).

• **(1996)** – Através de um intercâmbio com o grupo canadense Family Pastimes, liderado por Jim Deacove, o Projeto Cooperação lança o *Jogo da Terra* e o *Lugar Bonito,* **primeiros Jogos Cooperativos de Tabuleiro produzidos no Brasil.**

• **(1998)** – O livro ***Jogos Cooperativos: se o importante é competir, o fundamental é cooperar,*** é adotado como **bibliografia obrigatória no Concurso Público** para Professor de Educação Básica II, na disciplina de Educação Física, pela Secretaria de Educação do Estado de São Paulo.

• **(1999)** – É realizado pelo Sesc-Taubaté Projeto Cooperação e Cooperando, o **Festival de Jogos Cooperativos,** reunindo 300 participantes do Brasil e América do Sul. Evento este que se repetiria em 2001[16] na mesma localidade, e em 2004[17], na Colônia de Férias do Sesc-Bertioga, no litoral de São Paulo.

- **(2000)** – A Unimonte (Centro Universitário Monte Serrat) e o Projeto Cooperação iniciam em Santos-SP o primeiro **Curso de Pós-graduação Lato Sensu em Jogos Cooperativos**.

- **(2000)** – Lançamento da **Revista de Jogos Cooperativos** editada por Luciano Lannes e Monica Teixeira, da Lannes Consulting.

- **(2008)** – É criada a **Comunidade de Jogos Cooperativos** por Denise Jayme de Arimatéa e Fábio Otuzi Brotto para reunir virtualmente os conhecimentos, as experiências e pessoas dedicadas ao desenvolvimento do tema.

Evidentemente, muitas outras ações e colaboradores(as) ajudaram na difusão dos Jogos Cooperativos desde os seus primeiros movimentos. As referências aqui apresentadas são apenas algumas das muitas marcas que indicam o caminho percorrido pelos Jogos Cooperativos no mundo e em nosso país. Sinais que apontam para um *Futuro Como-Um* muito animador e repleto de possibilidades para seguirmos jogando juntos e cultivar um mundo onde todos(as) podem *VenSer*!!!

10. Conceitos e características

Os Jogos Cooperativos são jogos com uma estrutura alternativa, em que os participantes "jogam uns com os outros, ao invés de uns contra os outros" (Deacove, 1974, p. 1). Joga-se para superar desafios e não para derrotar os outros; joga-se por se gostar do jogo, pelo prazer de jogar. São jogos nos quais o esforço cooperativo é necessário para se atingir um objetivo comum e não para fins mutuamente exclusivos.

Tendo os Jogos como um processo, aprende-se a reconhecer a própria autenticidade e a expressá-la espontânea e criativamente. Jogando cooperativamente temos a chance de considerar o outro como um parceiro, um solidário, em vez de tê-lo como adversário, operando interesses mútuos e priorizando a integridade de todos.

16 Realizado pela parceria entre o SESC-SP, Projeto Cooperação – Comunidade de Serviço, Cooperando – Instituto para a Cooperação e Alegria – Cooperação e Lazer.

17 Realizado pela parceria entre o SESC-SP, Projeto Cooperação – Comunidade de Serviço, Cooperando – Instituto para a Cooperação e Revista de Jogos Cooperativos.

Estes Jogos são estruturados para diminuir a pressão para competir e a necessidade de comportamentos destrutivos. Visam a promover a interação e a participação de todos e a deixar aflorar a espontaneidade e a alegria de jogar.

Os Jogos Cooperativos são jogos de compartilhar, unir pessoas, despertar a coragem para assumir riscos, tendo pouca preocupação com o fracasso e o sucesso em si mesmos. Eles reforçam a confiança pessoal e interpessoal, uma vez que ganhar e perder são apenas referências para o contínuo aperfeiçoamento de todos.

Desta forma, os Jogos Cooperativos resultam no envolvimento total, em sentimentos de aceitação e vontade de continuar jogando.

Zlmarian Jeane Walker, da Escola das Nações, considera que *"nesse tipo de jogo as crianças estão mais livres para divertir-se com a experiência do jogo propriamente dito, porque todos são vencedores"* (1987, p. 182). Baseada na observação de crianças praticando Jogos Cooperativos e Jogos Competitivos na escola, Walker ([1987], p. 183), comparou esses dois tipos de atividade (Fig. 8).

Apesar da comparação apresentada, não há uma divisão rígida e linear entre essas duas formas de jogar. Na realidade, existe uma aproximação muito estreita entre jogar cooperativamente e jogar competitivamente.

JOGOS COMPETITIVOS	JOGOS COOPERATIVOS
São divertidos apenas para alguns.	São divertidos para todos.
Alguns jogadores têm o sentimento de derrota.	Todos os jogadores têm um sentimento de vitória.
Alguns jogadores são excluídos por sua falta de habilidade.	Todos se envolvem independentemente de sua habilidade.
Aprende-se a ser desconfiado, egoísta ou se sentir melindrado com os outros.	Aprende-se a compartilhar e a confiar.
Divisão por categorias: meninos x meninas, criando barreiras entre as pessoas e justificando as diferenças como uma forma de exclusão.	Há mistura de grupos que brincam juntos, criando alto nível de aceitação mútua.
Os perdedores ficam de fora do jogo e simplesmente se tornam observadores.	Os jogadores estão envolvidos nos jogos por um período maior, tendo mais tempo para desenvolver suas capacidades.
Os jogadores não se solidarizam e ficam felizes quando alguma coisa de "ruim" acontece aos outros.	Aprende-se a solidarizar com os sentimentos dos outros, desejando também o seu sucesso.

JOGOS COMPETITIVOS	JOGOS COOPERATIVOS
Os jogadores são desunidos.	Os jogadores aprendem a ter um senso de unidade.
Os jogadores perdem a confiança em si mesmos quando são rejeitados ou quando perdem.	Desenvolvem a autoconfiança porque todos são bem aceitos.
Pouca tolerância à derrota desenvolve em alguns jogadores um sentimento de desistência em face das dificuldades.	A habilidade de perseverar diante das dificuldades é fortalecida.
Poucos se tornam bem-sucedidos.	Todos encontram um caminho para crescer e desenvolver.

Fig. 08 – Jogos Competitivos e Jogos Cooperativos

Portanto, seria apropriado considerar essas características como aspectos presentes no Jogo. Dependendo da orientação, da intenção e das relações estabelecidas no contexto do jogo, este poderá ser predominantemente cooperativo ou competitivo, tendo, em geral, a presença de ambos.

De certo modo, imagino ser possível transcender essa dicotomia e alcançar uma experiência efetivamente integrada e una no jogo. Seria como atingir um estado de êxtase, de plenitude, de inteireza, como o vivenciado por meio da meditação, contemplação, oração e outras práticas espirituais, em que o Ser Humano recupera a ligação consigo mesmo, com os outros e com a Natureza.

A análise realizada por Walker reflete a opinião de vários autores sobre a relação entre Jogos Cooperativos e Jogos Competitivos. Podemos citar, entre outros, Deacove (1974), Orlick (1978, 1982), Sobel (1983), LeFevre (1988), Weinstein & Goodman (1993), Brown (1994), Brotto (1996, 1997), Platts (1996) que, através de abordagens diversificadas, convergem para um entendimento comum sobre o assunto, como podemos observar no comentário de Sobel (1983, p. 1), a seguir:

> *O Jogo Cooperativo consiste em jogos e atividades em que os participantes jogam juntos, ao invés de contra os outros, apenas pela diversão. Através desse tipo de jogo, nós aprendemos a trabalhar em grupo, adquirimos confiança e coesão grupal. A ênfase está na participação total, espontaneidade, partilha, prazer em jogar, aceitação de todos os jogadores, dar o melhor, mudar regras e limites que restringem os jogadores e no*

reconhecimento de que todo jogador é importante. Nós não comparamos nossas diferentes habilidades nem performances anteriores, nós não enfatizamos a vitória e a derrota, resultados ou marcas.

O esforço em caracterizar comparativamente Jogos Cooperativos e Jogos Competitivos não tem a intenção de opor um ao outro. Ao contrário, essa dedicação visa, primeiramente, a ampliar nossa percepção sobre as dimensões que o Jogo e o Esporte nos oferecem como campo de vivência humana. E, em segundo lugar, pretende indicar que nos Jogos e nos Esportes, bem como na Vida, existem alternativas para jogar além das formas de competição usualmente sugeridas como a única ou a melhor maneira de jogar e viver.

Meu ponto de vista é que, ao re-conhecermos o Jogo e o Esporte como um campo de descoberta e encontro pessoal, em que Cooperação e Competição são partes/todo – existindo cada qual em sua justa medida – nos tornamos aptos para descobrir e despertar competências pessoais e coletivas que colaborem para nos re-ligarmos uns aos outros e vivermos em Comum-Unidade.

Oficina com paraquedas. Alegria, lazer e Cooperação. Santos - SP (2000)

11. A Visão dos Jogos Cooperativos

Todo Jogo e todo Esporte têm uma intenção que ultrapassa os limites do campo e da quadra. Assim, é importante perceber qual a Visão existente por trás dos jogos, bem como conhecer o propósito das atividades que propomos e que praticamos no cotidiano.

Weinstein & Goodman (1993, p. 27) sugerem que, ao criar e realizar Jogos e outras atividades, devemos considerar um mundo constituído por *"pessoas que são seres naturalmente cooperativos, alegres e brincalhões, apesar do fato de a maioria de nós ter aprendido a agir de outra maneira".*

Tenho acompanhado uma série de trabalhos abordando o desenvolvimento de pessoas e grupos por meio dos Jogos Cooperativos. Em todos eles, ao perguntar sobre qual é a Visão dos participantes sobre o Mundo hoje e a Visão de um Mundo Melhor, recebi descrições que corroboram a ideia de Weinstein & Goodman e de outros autores e estudos, conforme citamos na introdução deste trabalho.

Isso pode demonstrar que invariavelmente a grande maioria das pessoas – crianças, jovens e adultos – sabe intimamente que cada experiência na vida é sempre uma tentativa para melhorar e para ser feliz. Além disso, sabem também que ser feliz e sustentar a felicidade sozinho é praticamente impossível. E concluem, apesar disso, que as atitudes, em geral, contrariam a compreensão de que precisamos uns dos outros para viver bem.

Em outras palavras, nem sempre fazemos aquilo que acreditamos ser melhor para nossa vida. Deixamos de praticar no cotidiano Ações correspondentes à Visão de um mundo melhor.

- Quais as raízes desse distanciamento entre a Visão e a Ação?

- Como colaborar para diminuir essa contradição entre discurso e prática?

- E qual é a contribuição do Jogo e do Esporte para a realização de um Mundo Melhor?

Claro, não há uma receita milagrosa para a felicidade. Entretanto, existem balizadores para orientar a caminhada rumo à melhor convivência e ao bem-estar comum.

O passo a passo, nesse caminho, é sempre um com-passo, ou seja, é construído através do jogo de relacionamentos interpessoais e grupais, diante da necessidade de solucionar problemas, harmonizar conflitos e alcançar objetivos.

Este é um aspecto importante, porque destaca a estreita relação entre o Jogo e a Vida cotidiana e indica o papel dos Jogos Cooperativos como uma ligação fundamental entre essas duas dimensões da realidade.

**Tanto no Jogo como na Vida
estamos permanentemente
sendo desafiados
a solucionar problemas,
a harmonizar conflitos
e a realizar objetivos.**

De certo modo, não existem problemas ruins, conflitos a serem evitados ou objetivos impossíveis. Todos os problemas, conflitos e objetivos nos desafiam a descobrir alternativas até então encobertas. Dessa maneira, constituem trampolins para nos impulsionar a estágios evolutivos mais ampliados.

Consideremos alguns dos desafios atuais, tais como:

- A urgente recuperação do meio ambiente, lembrando que o "meio ambiente começa no meio da gente", implicando a busca do desenvolvimento sustentável;

- A redistribuição dos Bens Comuns da humanidade (tais como a água, a terra, o alimento, a moradia, a informação, o conhecimento);

- O resgate de Valores Humanos (bondade, honestidade, confiança, autonomia, compaixão, alegria, convivência, cooperação, amor e outros);

- A aproximação dos diferentes (norte-sul, oriente-ocidente, pobres-ricos, homens-mulheres, ciência-espiritualidade etc.);

- A dignificação do trabalho, mais apoiado na vocação e menos na ocupação;

- O desfrutar do tempo livre e a vida em comum-unidade;

- E o despertar da consciência planetária apoiada no sentido de co-responsabilidade e co-evolução com todas as formas de vida.

Estes desafios representam uma nova ordem de necessidades. Pode ser verdade que não sejam inéditos, mas não se pode negar o fato de apresentarem um grau de complexidade[18] muito mais expandido do que aquele tido em outras épocas.

Inegavelmente, estamos diante de um contexto que nos desafia a buscar coletivamente, cada um fazendo sua parte, soluções criativas e cooperativas para gerar bem-estar para todos.

O cenário mundial atual indica claramente a impossibilidade de uma solução isolada, individual ou circunscrita a um ou outro determinado país ou bloco continental. É vital que superemos o paradigma do individualismo e da competição exacerbada.

Ninguém joga ou vive sozinho. Bem como ninguém joga ou vive tão bem em oposição e competição contra outros, como se jogasse ou vivesse em sinergia e cooperação com todos.

Sendo assim, os Jogos Cooperativos propõem um exercício de ampliação da Visão sobre a realidade da vida refletida no Jogo. Percebendo os diferentes estilos do Jogo-Vida, é possível escolher com consciência o estilo mais adequado para cada momento.

Nós jogamos-vivemos a partir da síntese promovida pela "Percepção-Ação" (Brotto, 1997, p. 54) que temos de cada situação (Fig. 09), sabendo, como nos alerta Boff (1999), que "todo ponto de vista é a vista de um ponto".

Se enxergo o mundo como um ambiente de exclusão, onde não existe o bastante para todos e todos querem o bastante para si mesmos, há uma boa probabilidade de agir individualmente e em oposição aos outros. Vou jogar CONTRA para tentar GANHAR SOZINHO.

De outro modo, se minha percepção da situação é de um contexto de inclusão em que há o suficiente para todos, desde que cada um compartilhe o que tem, provavelmente as ações serão de parceria e confiança. Jogo COM o outro para GANHARMOS JUNTOS.

Evidentemente, não há uma separação rigorosa ou uma experiência estanque e hermética entre esses estilos de ver e viver a realidade.

A intenção é afirmar a existência de diferentes possibilidades de jogar um mesmo jogo, de perceber alternativas para viver uma mesma situação, seja ela um jogo de pega-pega, uma partida de futebol, seja ela a arrumação da casa, a produção de um equipamento, a administração de ambientes de trabalho ou o estabelecimento de vínculos sociais no cotidiano.

18 O sentido dado à palavra "complexidade" deriva do latim *complexus*, que significa "juntos". Assim, o entendimento da complexidade implica a compreensão dos relacionamentos existentes entre os diferentes nexos de uma mesma totalidade.

PERCEPÇÃO AÇÃO	OMISSÃO (ISOLAMENTO)	COOPERAÇÃO (ENCONTRO)	COMPETIÇÃO (CONFRONTO)
Visão do jogo	·Insuficiência. ·Impossibilidade. ·Separação.	·Abundância. ·Possibilidade para todos. ·Inclusão.	·Escassez. ·Parece possível só para um. ·Exclusão.
Objetivo	·Ganhar sozinho.	·Ganhar... juntos.	·Ganhar... do outro.
O outro	·"Quem?"	·Parceiro, amigo.	·Adversário, inimigo.
Relação	·Independência. ·"Cada um na sua"	·Interdependência. ·Parceria e Confiança.	·Dependência. ·Rivalidade e ·Desconfiança.
Ação	·Jogar sozinho. ·Não jogar. ·"Ser jogado".	·Jogar COM. ·Troca e criatividade. ·Habilidades de relacionamento.	·Jogar CONTRA. ·Ataque e Defesa. ·Habilidades de rendimento.
Clima do Jogo	·Monótono. ·Denso.	·Ativação, atenção e descontração. ·Leve.	·Tensão, estresse e contração. ·Pesado.
Resultado	·Ilusão de vitória individual.	·Sucesso Compartilhado.	·Vitória à custa dos outros.
Consequência	·Alienação, ·conformismo e indiferença.	·Vontade de continuar jogando...	·Acabar logo com o jogo.
Motivação	·Isolamento.	·Amor.	·Medo.
Sentimentos	·Solidão. ·Opressão.	·Alegria para muitos. ·Comunhão entre todos. ·Satisfação, cumplicidade e harmonia.	·Diversão para alguns. ·Realização para poucos. ·Insegurança, raiva, frustração.
Símbolo	·Muralha.	·Ponte.	·Obstáculo.

Fig. 09 – Padrões de Percepção-Ação

Em toda e qualquer experiência humana, teremos sempre mais que um jeito de vivê-la. A ideia por trás dos Jogos Cooperativos é estimular o despertar dessa Visão e aperfeiçoar o exercício da escolha pessoal, com responsabilidade universal.

Destacando a relevância dos Jogos Cooperativos como um exercício de autonomia e convivência, Weinstein & Goodman (1993, p. 29) afirmam que

> *até este momento a maioria das pessoas tem sentido que elas nunca tiveram escolha sobre o próprio jeito de viver suas vidas. Elas têm tido somente uma alternativa – ir e vencer, e quanto mais pessoas perderem, melhor. (...) "Você não precisa viver desse jeito, você tem realmente escolhas na sua vida. Pegue o espírito cooperativo o qual tentamos criar aqui, e faça isso acontecer em sua vida todos os dias!*

Aprendendo a jogar dentro do Estilo Cooperativo, **desfazemos a ilusão de sermos separados e isolados uns dos outros** e percebemos o quanto é bom e importante sermos nós mesmos, respeitarmos a singularidade do outro e compartilharmos caminhos para o bem-estar comum.

Assim, podemos vivenciar os Jogos Cooperativos como uma prática re-educativa, capaz de transformar nosso **Condicionamento Competitivo** em **Alternativas Cooperativas** para realizar desafios, solucionar problemas e harmonizar os conflitos.

Jogando Cooperativamente, ampliamos o foco projetado sobre o Jogo e o Esporte. Passamos a percebê-los não apenas como um campo para o aperfeiçoamento das habilidades de rendimento, mas também como um meio para a potencialização de nossas **Habilidades de Relacionamento**, como, por exemplo: compartilhar objetivos comuns, respeito e confiança mútua, diálogo, empatia, bom humor, paciência, espontaneidade, criatividade, cooperação, autenticidade, corresponsabilidade e liberdade.

Aprimorando essas competências interpessoais, podemos criar condições para tratar dos diferentes desafios cotidianos com qualidade, gerando soluções benéficas a todos, inclusive para as futuras gerações.

Para efetivar a Visão declarada pelos Jogos Cooperativos, é preciso um conjunto de princípios, um eixo orientador para servir como guia na construção de uma Pedagogia Cooperativa aplicada ao Jogo, ao Esporte e à Vida em geral.

12. Princípios socioeducativos da Cooperação

Em geral, tivemos poucas chances de participar de Jogos Cooperativos de uma forma sistematizada. Por isso,

> *talvez seja preciso um pouco de paciência para aprender essa "nova" forma de jogar, principalmente se os participantes jamais jogaram de forma cooperativa antes. (...) Uma vez que os participantes passam pela transição (Jogo Competitivo para Jogo Cooperativo) e começam a jogar cooperativamente, a supervisão e a preocupação com as regras tornam-se mínimas.* (Orlick, 1978, p. 4)

Aprendendo a jogar cooperativamente, descobrimos que podemos criar inúmeras possibilidades de participação e inclusão por meio da modificação gradativa das regras e das estruturas básicas do jogo.

Educadores, Técnicos Esportivos e outros profissionais envolvidos com a dinâmica do Jogo e do Esporte podem favorecer a mudança das estruturas e das regras do jogo, para iniciar uma transformação nas atitudes pessoais e nos relacionamentos sociais.

De acordo com minha experiência de Jogar Cooperativamente no dia a dia e observar outros jogadores cooperativos, considero, como um dos principais eixos da Pedagogia Cooperativa, a seguinte dinâmica de ensino-aprendizagem:

CONVIVÊNCIA – CONSCIÊNCIA – TRANSCENDÊNCIA

- **Convivência**: Ter a vivência compartilhada como o contexto fundamental para a aprendizagem. É preciso experimentar para poder re-conhecer a si mesmo e aos outros.

- **Consciência**: Criando um clima de cumplicidade entre os praticantes, incentivando-os a refletir sobre a vivência do Jogo e sobre as possibilidades de modificar comportamentos, relacionamentos e até o próprio Jogo, na perspectiva de melhorar a participação, o prazer e a aprendizagem de todos.

- **Transcendência**: Ajudando a sustentar a disposição para dialogar, decidir em consenso, experimentar as mudanças propostas e integrar, no Jogo e na vida, as transformações desejadas.

A pedagogia proposta pelo Jogo Cooperativo apoia-se na interdependência dessas três dimensões, enquanto nexos de um processo mais amplo de manifestação da Consciência Pessoal e Grupal.

Exercitando no Jogo e no Esporte a reflexão criativa, a comunicação sincera, a tomada de decisão por consenso e a abertura para experimentar o novo, todos podem descobrir que são capazes de intervir positivamente na construção, transformação e emancipação de si mesmos, do grupo e da comunidade onde convivem.

A esse respeito, Weinstein & Goodman (1993, p. 24) reforçam o significado que a perspectiva de jogar não competitivamente pode oferecer para "desintoxicar" alguns dos aspectos negativos do jogo competitivo. Segundo esses autores,

> *jogadores que não se sentem excluídos ou discriminados continuarão a jogar pelo resto da vida. (...) Nós esperamos ajudar a mudar a orientação de nossa sociedade baseada no "instant replay" para o "instant we play"!*

Por isso, nos últimos anos tem crescido o interesse por pesquisas e trabalhos sobre o valor do Jogo e do Esporte como ferramentas preciosas ao processo evolutivo da humanidade.

Para Orlick (1989, p. 116), a experiência com novos jogos deve demonstrar que

> *ser aceito como um ser humano não depende totalmente de um resultado. Consequentemente, para aqueles que desejarem, os esportes se tornarão uma busca do autodesenvolvimento e não uma oportunidade de destruir os outros ou uma temível questão de vida ou morte.*

Como em toda e qualquer mudança, a presença de resistências iniciais pode nos indicar cuidados importantes que, quando respeitados, podem atuar como balizadores e moduladores das nossas intervenções.

Transitar por esses instantes recheados de perturbações faz parte do processo de descoberta do caminho, isto é, da Pedagogia viável ou, como nos orienta Paes (1996), do "Jogo Possível" através do qual as novas experiências encontrarão meios para se instalarem gradativamente e ao longo de um processo mais amplo de transformações.

Praticar os Jogos Cooperativos como uma proposta Pedagógica é, antes de mais nada, exercitar a Cooperação na própria vida. É re-aprender a lidar com os desafios cotidianos com base, não em um novo paradigma – porque este, mais cedo ou mais tarde, estará esgotado – mas sim, na Consciência.

A Consciência da Cooperação, como um movimento de síntese interior/exterior, se mantém em constante renovação e nos instiga a abrir os olhos, enxergar com o coração e descobrir caminhos para realizar nossas mais essenciais aspirações.

ESPORTE: um fenômeno humano

"(...) questionando-nos sobre que tipo de homens somos e que tipo de humanidade queremos ser. E, no contexto dessas questões mais amplas, sabermos que tipo de esporte poderá servir a este homem, a esta humanidade que está sendo gerada para o próximo milênio."

João Paulo Subirá Medina

Atualmente, o Esporte tem merecido uma gama de infindáveis estudos, permitindo compreendê-lo como uma das mais ricas e complexas experiências humanas.

Inspirado por diferentes autores (Montagner, 1993, Prado, 1995, Paes, 1996b, Tani, 1998, entre outros), compreendo o Esporte como um **Fenômeno Humano** presente há muito tempo e em diversos lugares, nas mais variadas culturas.

Sinalizando para este entendimento, temos a Carta Internacional de Educação Física e Esporte, publicada pela UNESCO em 1979, que, no seu primeiro artigo, coloca o Esporte como direito de todos.

Partindo dessa premissa e conforme Tubino (1998, p. 62), naquele momento

> *acabava a compreensão do fenômeno esportivo somente através do esporte de rendimento. O pressuposto do direito ao esporte aumentava a sua abrangência, passando a compreender o esporte educacional, o esporte de participação ou lazer, o esporte dos deficientes e o esporte da terceira idade, além do esporte de rendimento.*

Acompanhando Tubino sobre a importância do surgimento dessas diferentes dimensões, abro um pequeno parêntese para registrar que, apesar dessa divisão, entendo o Esporte como um fenômeno único e de natureza educacional. E será sobre esse conceito de Esporte que mais à frente iremos dialogar. Por enquanto, retomemos o raciocínio, a partir da consideração de Tubino, sobre o reconhecimento de outras dimensões desse fenômeno.

Com isso, ampliou-se o campo de estudo e ação sobre o Esporte, especialmente porque a preocupação com a democratização da prática esportiva assumia um lugar de destaque nas políticas públicas de diferentes países.

Contudo, este fato não representa isoladamente garantia para a concreta democratização do Esporte, principalmente se considerarmos que uma real democratização implicaria prática efetiva e consciente pelos mais diversos segmentos da sociedade e em todas as etapas da vida.

Sobre esse assunto, Pierre Henquet[19], comenta que, apesar da Carta Internacional, o acesso à Educação Física e ao Esporte, como um direito de todos, está longe de ser um fato. Segundo o autor,

> *o mapa do subdesenvolvimento esportivo coincide, excetua-*

19 Francês, ex-funcionário da Unesco e ex- secretário-geral adjunto do Conselho Internacional de Educação Física e Ciências do Esporte (CIEPSS).

> *dos pequenos detalhes, com o mapa do simples subdesenvolvimento. Em vários países do Sul, em cada grupo de cinco jovens, quatro não têm condições de praticar atividades físicas e esportivas.* ([1995], p. 6)

É provável que esse quadro de restritivas oportunidades para a prática do Esporte ocorra também em alguns países do Norte.

Mesmo considerando países como Estados Unidos, Canadá, Alemanha e Japão, seria possível afirmar que o *status* de "países desenvolvidos" teria resultado, por lá, no aumento – quantitativo e qualitativo – do número de praticantes de atividades esportivas? Ou será que sob a égide da democratização do Esporte teriam, de fato, feito aumentar em maior proporção a quantidade de expectadores?

Entre as ações promovidas pela Unesco[20], abrangendo o desenvolvimento internacional da Educação Física e do Esporte, pode-se destacar um grupo de atividades que visa a preservar e proteger os **valores éticos do esporte:** *fair play*, desenvolvimento harmonioso da personalidade, autossuperação, solidariedade, espírito de equipe, desprendimento, lealdade, generosidade, respeito às regras estabelecidas e ao adversário, controle da agressividade e da violência.

Em documento apresentado na revista *Correio da Unesco*[21], está registrada a importância da preservação de tais valores por meio de uma série de ações, uma vez que isso não se faz por decreto, embora leis e regulamentos possam ser úteis e até indispensáveis.

No editorial dessa publicação, encontramos uma interessante referência ao tema:

> *Trata-se de uma tarefa na qual a sociedade inteira deve empenhar-se, mediante o aprimoramento individual proporcionado pela educação. Os jogos do corpo só adquirem sentido em sua relação com o espírito que os anima.* (p. 18)

A responsabilidade pela sustentação e pelo aprimoramento do Esporte como um contexto para a evolução humana, vem sendo assumida com cada vez mais competência pelas Ciências do Esporte.

As Ciências do Esporte, perspectivadas pela Visão Holística (Weil, 1992) e com uma abordagem Transdisciplinar (Nicolescu, 1997, D'Ambrósio, 1998), podem constituir-se numa resposta precisa, apesar de não definitiva e completa, à inquietação

20 A Unesco e o Esporte. Revista *Correio da Unesco*, p. 18

21 Idem.

provocada por Medina (1992), quando nos alertou sobre os perigos da *"fragmentação do saber esportivo"*:

> *O esporte, tratado descontextualizadamente em seus aspectos socioculturais ou sem uma clara noção de suas intenções subjacentes, não pode representar muito mais do que um instrumento de manipulação e alienação ou de simples reprodução dos valores (positivos e negativos) vigentes.*

Tratar da complexidade inerente ao Esporte é uma tarefa altamente desafiadora, animadora e plenamente possível, desde que seja compartilhada e empreendida através da comunhão entre os mais diversos campos do conhecimento e da expressão humana.

Para uma compreensão mais abrangente do Esporte, Go Tani (1998) afirma ser preciso considerar que, dependendo da ênfase em determinados aspectos, o Esporte pode assumir características bem distintas, como, por exemplo:

Esporte-rendimento:

> *Objetiva o máximo em termos de rendimento, pois visa à competição; ocupa-se com o talento e, portanto, preocupa-se essencialmente com o potencial das pessoas; submete pessoas a treinamento com orientação para a especificidade, ou seja, uma modalidade específica; enfatiza o produto e resulta em constante inovação. O interesse principal (...) é a perpetuação do sistema ou a sua autopreservação, e o sistema só se perpetua com recordes. Os motivos desse interesse podem ser culturais, econômicos, políticos e ideológicos.* (1998, p. 116).

Esporte como conteúdo da Educação Física:

> *Objetiva o ótimo em termos de rendimento, respeitando as características individuais, as expectativas e as aspirações das pessoas; ocupa-se com a pessoa comum, preocupando-se não apenas com o seu potencial, mas também com a sua limitação; visa à aprendizagem e, portanto, submete pessoas à prática vista como um processo de solução de problemas*

> *motores; orienta-se para a generalidade, dando oportunidades de acesso a diferentes modalidades; enfatiza o processo e não o produto em forma de rendimentos ou recordes, e essa orientação resulta na difusão do esporte como um patrimônio cultural.* (1998, p. 117)

Além disso, o autor sugere ser importante salientar que a palavra Esporte tem sido usada para expressar quatro significados: um fenômeno social, uma profissão, um curso de preparação profissional e uma área de conhecimento.

Sintetizando as opiniões e conceitos sobre o Esporte até aqui brevemente apresentados, tomarei como base a definição de Roberto Paes, quando enuncia que

> *o esporte é uma representação simbólica da vida, de natureza educacional, podendo promover no praticante, modificações tanto na compreensão de valores como de costumes e modo de comportamento, interferindo no desenvolvimento individual, aproximando pessoas que tem, neste fenômeno, um meio para estabelecer e manter um melhor relacionamento social.* (1998, p. 112)

Ao considerar o Esporte como reflexo da vida, atribuo a ele um dado de atemporalidade, utopia ("sem lugar definido"), mutabilidade, mobilidade e criatividade.

Quando afirmo sua natureza educacional, faço-o na perspectiva de que toda a ação, esportiva ou não, é educacional para todos. Desse modo, interessa destacar que, se qualquer manifestação do Esporte educa, vale frisar a pergunta: em qual direção desejamos educar? E, então, que tipo de Pedagogia seria a mais adequada?

O Esporte também é transformador. No contexto dos Jogos Cooperativos, particularmente, é transformador da "compreensão-e-ação" que temos da/na realidade. Nesse sentido, participar do Esporte é ampliar a consciência de si mesmo, do outro e do mundo.

Dependendo dessa conscientização, o Esporte tanto pode nos aproximar como nos distanciar dos outros, da natureza e de nós mesmos.

Hoje, vejo o Esporte como um Jogo de Encontros ao invés de confrontos. Nele podemos descobrir muitas das possibilidades pessoais e coletivas para nos ajudar a Conviver melhor.

Exatamente por existir um manancial tão vasto de oportunidades para participar do Esporte, aumenta nossa responsabilidade por escolher e decidir entre jogar COM ou jogar CONTRA os outros.

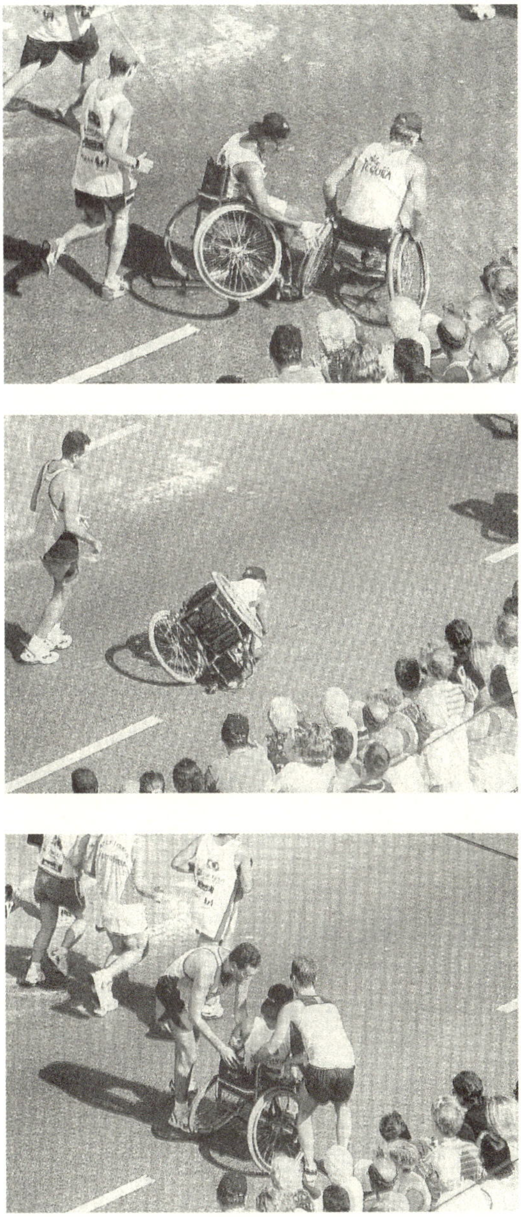

"10km Tribuna FM"- Fotos de Douglas Tadeu Aby Saber Filho, publicadas no jornal *A Tribuna*". Santos - SP (17/05/2000)

Diante disso, um dos principais papéis das Ciências do Esporte, especificamente da Pedagogia do Esporte, é

> *oferecer condições aos cidadãos de conhecerem e compreenderem melhor o esporte e, enquanto integrante da sociedade, privilegiarem sua participação, interagindo e considerando todas as possibilidades que ele permite.* (Paes, 1996b, p. 67)

Conhecendo o Esporte, saberemos como extrair dele as melhores alternativas para aprendermos a jogar como Seres Humanos co-responsáveis pela integridade uns dos outros e a realizar nosso papel de colaboradores para o bem-estar comum.

Saberemos aperfeiçoar os caminhos, processos, metodologias, estratégias, enfim, uma Pedagogia do Esporte para nos impulsionar sempre à frente e para cima. Como uma bola de Basquete.

13. A Pedagogia do Esporte

A Pedagogia do Esporte é uma linha de pesquisa e aplicação das Ciências do Esporte que se dedica a estudar e difundir princípios socioeducativos para favorecer o processo ensino-aprendizagem do Esporte.

Partindo da exposição feita a respeito do Esporte, apresentarei algumas considerações em torno da Pedagogia do Esporte, as quais, segundo meu entendimento, sinalizam um caminho coerente com o exposto até aqui.

Inicialmente, seguirei orientado por Paes (1998), destacando que a construção pedagógica de um processo de ensino e aprendizagem do Esporte deve ser balizada por duas dimensões: a filosófica e a técnica. Para esse autor, *"quando se pensa no esporte como meio de educação, é preciso ter convicção de que o importante não é o jogo, mas sim quem joga."* (1998, p. 111)

Tratando o Esporte como um Fenômeno Humano, a intenção é registrar com clareza qual a concepção filosófica de Esporte e de Humanidade que fundamenta este estudo.

Entretanto, isso não basta para fazer valer a prática esportiva nos moldes dessa concepção. Faz-se necessário, portanto, o desenvolvimento de uma pedagogia capaz de refletir e transgredir – no sentido de provocar a contínua transformação – a filosofia que a permeia.

Existem muitos caminhos possíveis para essa realização; contudo, destaco como eixo desta dissertação a necessidade de dar ao Esporte um enfoque pedagógico, tendo o Jogo como facilitador desse processo.

Por que o jogo? E que tipo de jogo? Segundo Paes (1998, p. 112), a pedagogia através do Jogo oferece algumas vantagens:

A ludicidade, a cooperação, a participação, o retorno à origem do esporte e mesmo a competição que, tratada de forma adequada, sem valorização exacerbada, pode promover a alegria e o prazer de uma prática que nunca se repete, pois a incerteza presente neste fenômeno, como uma de suas características, pode atuar como um fator de motivação, despertando na criança cada vez mais o interesse pelo esporte.

Despertar o interesse pelo esporte vai bem mais além do simples fato de oferecer recompensas, do tipo medalhas, troféus, brindes ou ainda outros tipos de reforço extrínseco ao próprio Jogo e Esporte.

A procura é por uma Pedagogia do Esporte que, em si mesma, seja suficientemente atraente para envolver, sem discriminação alguma, crianças, jovens e adultos pelo prazer de jogar e realizar algo em comum, juntos.

Esta procura não é uma jornada solitária, pois *"é jogando que criamos laços de identidade com os outros, formando comunidades."* (Freire, 1998, p. 107)

De certo modo, o Jogo e o Esporte são experiências essencialmente comunitárias. Isso não significa uma condição aleatória e incondicional do Jogo e do Esporte, uma vez que o sentido de comunidade é mais amplo do que um mero agrupamento de pessoas.

Talvez, recuperar esse Espírito de Comum-Unidade seja uma das principais tarefas da Pedagogia do Esporte.

14. O Pedagogo do Esporte

Ao falarmos sobre a Pedagogia, devemos refletir também sobre o professor, seu papel e condição como facilitador do processo educacional. Professores têm responsabilidades multiplicadas; primeiro, porque são profissionais em educação e, depois, porque são pessoas que estão co-aprendendo o tempo todo, enquanto se dedicam a ensinar. Por isso, devem ter mais disposição, disponibilidade e desprendimento para descobrir, a cada instante, os novos e antigos caminhos de sabedoria.

Professores são como *"parteiros de ideias"*[22], cuja missão é ajudar a despertar os potenciais latentes nos outros, para que, nascidos, possam ser compartilhados com todos, em uma verdadeira comunidade de aprendizagem.

Que ideias, teorias e princípios devem orientar a atitude do Professor, bem

22 Era como Galileu-Galilei considerava os professores na antiguidade. Ver Ferguson, 1980.

como a própria Pedagogia do Esporte? Para nos ajudar a procurar algumas respostas, proponho uma aproximação ao conjunto de princípios e concepções proposto por Montagner (1993), Prado (1995) e Freire (1998b). Segundo Montagner (1993, p. 89), cabe ao educador incrementar o espírito de cooperação *"atuando na parte afetiva dos jovens, impulsionando-os para a construção de um mundo mais humano e fraterno, através de ações e ajudas positivas e não a simples busca de vitória sobre os outros"*.

Complementando essa posição, destaco a importância de arquitetar uma Pedagogia do Esporte, na qual estejam embutidos **processos cooperativos de ensino-aprendizagem**, como, por exemplo, os oferecidos pela proposta dos Jogos Cooperativos apresentados mais adiante.

Entretanto, mesmo reunindo a melhor postura do educador, associada a uma pedagogia eficiente, não há garantias sobre o tipo de reflexo gerado pelo Esporte na Educação e na Sociedade, e vice-versa.

A esse respeito, vale registrar mais uma vez o pensamento de Montagner (1993, p. 91):

> *Para uma evolução social do esporte, os educadores devem entregar-se totalmente e, certamente, é difícil educar através do esporte de competição em uma sociedade materialista. Para tanto, é fundamental resgatar sempre os valores éticos e morais nos adolescentes, caracterizando-se assim um esporte com finalidades educativas. O segredo está em descobrir qual seria o ponto de intersecção entre o ideal e o real.*

Concordo com Montagner quando se refere à tentativa de descobrir o *"segredo"*, o ponto de equilíbrio entre o *"ideal"* e o *"real"*. Nesse sentido, compreendo que a aproximação entre o Esporte e a Educação poderá ser acentuada na medida de sua capacidade de reunião das diferentes dimensões apresentadas pelo Esporte na atualidade.

Resgatar o Esporte em sua *uni-versalidade* é, prioritariamente, assumi-lo no contexto de uma ética que, embora esteja nele presente e seja dele refletida, é mais abrangente que o Esporte.

No Esporte, encontramos o ambiente necessário para facilitar o resgate de Valores Humanos Essenciais e para promover o exercício da Ética de Comum-Unidade.

Legitimando esse exercício de comunidade, Prado (1995) identificou sinais de que essa mobilização está ocorrendo de uma forma bastante importante. De acordo com suas observações, aponta para dois fatos marcantes:

1. A vontade de compreender melhor o esporte como comportamento sociocultural relacionado à vida cotidiana;

2. A tentativa de desenvolver um processo educacional participativo e democrático, baseado na re-criação e no resgate da cultura lúdica, essência do próprio Esporte.

Apoiado nessas considerações, Prado apresenta três "princípios da ação cultural e educacional" que devem orientar o Esporte:

1º princípio: **O atleta cidadão**: o esporte como um direito de cidadania;

2º princípio: **O resgate do lúdico**: resgatar a cultura lúdica, re-criar sem preconceitos os modelos esportivos clássicos e populares, difundindo atividades mais próximas e motivantes ao "corpo não olímpico";

3º princípio: **Esporte para Todos**: tendo, como grande desafio, o método.

Pressupondo-se esses princípios e a importância de traduzi-los praticamente na forma de programas e outras ações, esse autor apresenta algumas experiências bem sucedidas:

- **Ensino do esporte em forma de jogo**, "reproduzindo aprendizagens culturais comuns no futebol e nas danças";

- **Pedagogia do espaço e do ambiente**, "implicando menor dependência de tecnologias sofisticadas e mais polivalentes em relação às idades";

- **Alfabetização esportiva**, "centrada no desenvolvimento de grupos, para criar e autogerir suas próprias atividades esportivas";

- **Comunicação aplicada à educação**, "utilizada para recriar, de forma crítica, novos valores de comportamentos do corpo e esporte para um conjunto maior da sociedade";

- **Realização de eventos de difusão cultural**, "com o objetivo de reforçar a leitura crítica da cultura do corpo e do espetáculo esportivo".

Podemos ver, nessa concepção, uma clara tendência para a democratização do Esporte, no sentido de melhor oportunizar o acesso à prática esportiva. Ao mesmo tempo, podemos reparar que uma Pedagogia assim constituída também se apresenta como uma forma adequada e plenamente viável à promoção do Esporte em suas outras dimensões, particularmente na perspectiva do Esporte-rendimento.

Aliás, esta tem sido uma das intenções deste estudo: apresentar a Pedagogia do Esporte, perspectivada pelos Jogos Cooperativos, como um segmento das Ciências do Esporte, atendendo ao Esporte como um fenômeno único, integrado e orientado por princípios socioeducativos que, apesar de descritos em uma linguagem própria, são comuns a toda e qualquer área do conhecimento e da experiência humana.

Nesse sentido, a visão de Freire (1998b) sobre a Pedagogia do Esporte nos oferece uma síntese muito precisa sobre a abrangência que devem ter todas as ações inseridas no processo de ensino-aprendizagem do Esporte. Para o autor, a Pedagogia do Esporte se faz por meio de uma relação dinâmica e interdependente, estabelecida sobre quatro dimensões principais:

- **Ensinar Esporte a todos.**
- **Ensinar Esporte bem a todos.**
- **Ensinar mais que Esporte a todos.**
- **Ensinar a gostar do Esporte**.

Essa pedagogia descrita por Freire contempla o que propõe a Carta Internacional da Unesco e também indica, com extrema lucidez, os contornos que a Pedagogia do Esporte deve assumir para fazer valer sua condição de uma área essencial ao conhecimento e à experiência humana.

Pautada pela sinergia entre os princípios e as posturas até aqui citados, a Pedagogia do Esporte pode revelar-se como uma matriz de ensino-aprendizagem eficiente, não apenas para as diversas manifestações do Esporte, bem como orientação fundamental para toda e qualquer Pedagogia que vise à promoção do Ser Humano integral e à melhoria da qualidade de vida.

Por meio dessa matriz pedagógica, podemos criar um ambiente de prazer, diversão, realização de metas e de convivência saudável, incentivando o gosto pelo Esporte como uma experiência humana possível para todos.

Gostar de Esporte é, essencialmente, gostar de quem pratica o Esporte, porque não há Esporte que se faça completamente sozinho[23]. Sendo assim, é bom cuidarmos de fomentar uma Pedagogia do Esporte cada vez mais capaz de promover o Encontro ao invés do Confronto.

Ao abordar o Esporte enquanto *Fenômeno Humano* e ao apresentar uma breve explanação sobre a Pedagogia do Esporte, procurei compartilhar meu entendimento a respeito de sentidos e significados no contexto da evolução humana. Para mim, o Esporte, dinamizado pelos Jogos Cooperativos, constitui-se numa importante contribuição para a abordagem de diversos problemas vividos dentro e, principalmente, além dos espaços esportivos.

FutPar – Futebol Cooperativo

23 Até mesmo o alpinismo que, a exemplo de qualquer outra modalidade individual, estabelece pelo menos duas parcerias, entre tantas outras menos visíveis: primeiro com o ambiente e, segundo, consigo mesmo.

Jogos Cooperativos: Uma Pedagogia para o Esporte

"PROFESSOR PROCURA ALUNO.
Deve ter um desejo sincero de
salvar o mundo.
Candidatar-se pessoalmente."

Daniel Quinn [24]

---

24 Daniel Quinn, 1998 (p. 11) .

Após descrever o entendimento sobre Jogos Cooperativos no capítulo III e, agora, sobre a Pedagogia do Esporte, tratarei aqui do relacionamento entre essas duas ideias, considerando, entre outras concepções, a de Freire (1998), na qual o "esporte é o jogo de quem é capaz de cooperar". Para o autor

> *é tão definitivo para o esporte a capacidade de cooperar que as habilidades individuais, se não forem socializadas, não servem para o esporte. A habilidade individual do jogador não serve para o esporte; apenas a habilidade coletiva é compatível com essa forma de jogo.* (1998, p. 108)

Entendo o Esporte como uma manifestação humana multifacetada e, por essa razão, pedirá sempre melhores e mais aprofundadas considerações. Nesse sentido, faço a tentativa de ampliar a percepção que tenho tido, até este instante, do Esporte e, a partir dele, da existência e essência da vida.

15. A Consciência da Cooperação no Esporte

Podemos jogar Jogos Cooperativos com uma atitude competitiva, assim como podemos jogar Jogos Competitivos com uma postura cooperativa. Como já foi dito, não há garantias para a cooperação ou para a competição. Por isso, repito:

É fundamental sustentar a consciência desperta para poder reconhecer a realidade dos jogos que jogamos diariamente, para poder discernir com sabedoria quando devemos cooperar ou competir.

Vimos também o Jogo como um ambiente extraordinário para a aprendizagem e para a transformação pessoal e coletiva. Agora, o desafio proposto é refletir sobre a manifestação da Consciência da Cooperação no Esporte, ou seja, como Jogar Cooperativamente Jogos Competitivos.

A expressão da Consciência da Cooperação no Esporte é a busca constante do **Estado de Unidade**, do **Sentimento de Ser Pleno** uno consigo mesmo e com todos os outros e do **Celebrar a Convivência.**

Se atualmente no Esporte temos apenas alguns flashes dessa Consciência, não significa que seja improvável vivenciá-la mais ampliadamente. Ao contrário, quando nos emocionamos diante das belas jogadas, das marcas superadas, das tentativas frustradas ou dos gols marcados... mesmo que de outros, fazemos brilhar um pouquinho mais a luz dessa Consciência na escuridão de nossas limitadas e normais percepções.

A história humana retratada na história do Esporte está repleta de exemplos dessa nossa capacidade de nos solidarizar, comungar e cooperar diante dos insucessos e sucessos. Temos muitas referências para nos orientar nesse caminho de potencializar o Humano através do Esporte. Mas temos, também, muitos outros sinais apontando para a direção oposta.

Portanto, vale lembrar a importância de sustentar o foco de nossos pensamentos, sentimentos, ações e relações no campo da Consciência da Cooperação e assim contribuir para praticar o Jogo, o Esporte, a Vida com a simplicidade, espontaneidade e amorosidade demonstrada por aqueles que, muitas vezes, temos menos valorizado.

Proponho nos inspirar no relato de Flo Johansen, jornalista esportivo do Wolf News, que, fazendo a cobertura de uma das Olimpíadas Especiais, testemunhou um dos muitos *flashes* da Consciência da Cooperação no Esporte:

> *UM SÓ TIME*
> *Há alguns anos, nas Olimpíadas Especiais de Seattle, nove participantes, todos com comprometimento mental ou físico, alinharam-se para a largada da corrida dos 100 metros rasos. Ao sinal, todos partiram, não exatamente em disparada, mas com vontade de dar o melhor de si, terminar a corrida e ganhar. Todos, com exceção de um garoto, que tropeçou no asfalto, caiu rolando e começou a chorar. Os outros oito ouviram o choro, diminuíram o passo e olharam para trás. Então eles viraram e voltaram. Todos eles. Uma das meninas com Síndrome de Down ajoelhou-se, deu um beijo no garoto e disse: "Pronto, agora vai sarar". E todos os nove competidores deram os braços e andaram juntos até a linha de chegada. O estádio inteiro levantou, e os aplausos duraram muitos minutos. E as pessoas que estavam ali, naquele dia, continuam repetindo essa história até hoje. Por quê?*
> *Porque, lá no fundo, nós sabemos que o que importa nesta vida é mais do que ganhar sozinho. O que importa nesta vida é ajudar os outros a vencer, mesmo que isso signifique diminuir o passo e mudar de curso.*[25]

Não consigo comentar algo mais do que o próprio testemunho nos comunica. Deixo que ele fale por si mesmo e toque ainda mais de perto a mente e o coração

25 Texto publicado no informativo da Associação de pais de filhos com Síndrome de Down – Up&Down, jan/fev/mar-99.

de cada um de nós e nos inspire a seguir buscando praticar a vida com a sabedoria demonstrada pelos participantes desse *Um Só Time*.

O Esporte é um contexto extraordinário para aprender a Ser e a Conviver. Nele podemos aperfeiçoar nossas **Habilidades de Rendimento** e descobrir e enriquecer nossas **Habilidades de Relacionamento** (Fig. 10). O Esporte, orientado pela Consciência da Cooperação, incentiva a inclusão de todos e oferece muitas possibilidades de participação. Vejamos algumas das características dessa Consciência aplicada ao Esporte, considerando que existem numerosos sucessos pessoais e coletivos que podem ser alcançados e que não são, necessariamente, o ganhar e o perder, como por exemplo:

HABILIDADES DE RENDIMENTO	HABILIDADES DE RELACIONAMENTO
Aperfeiçoar as destrezas e os fundamentos do jogo.	Responsabilizar-se por si mesmo e pelo bem-estar dos outros.
Respeitar e recriar coletivamente as regras e as possibilidades de participação.	Descobrir e valorizar diferentes formas de conviver e VenSer quem se É.
Saber equilibrar a ansiedade.	Aprender "COM" o perder e o ganhar, ao invés de aprender "a" perder e ganhar. Até porque, aprender "a" perder implicaria ser um *expert* em derrotas. Obviamente, não é o que pretendemos, muito embora é o que, em alguns casos, acabamos por incentivar.
Realizar novos movimentos, jogos, sequências, exercícios e formações táticas para resolver problemas novos durante o jogo.	Harmonizar conflitos e superar crises.
Exercitar as "inteligências múltiplas"[26]. Neste aspecto em particular, a contribuição do Jogo e do Esporte é notável. Quando jogamos, exercitamos todas as inteligências simultaneamente. Conforme aumenta a complexidade da atividade, mais estímulos recebemos para esse exercício de inteireza.	Praticar a Liderança Circular, compreendendo que ser líder é ser capaz de servir ao grupo. Todos têm algo especial para oferecer; por isso, é importante criar oportunidades para o exercício da liderança, para todos.

26 Howard GARDNER, 1994. Respeitando a delimitação deste Caderno de Referência, apenas sinalizamos o estudo sobre as Inteligências Múltiplas e sua interface como o Jogo e o Esporte.

HABILIDADES DE RENDIMENTO	HABILIDADES DE RELACIONAMENTO
Melhorar os relacionamentos com os companheiros, treinadores, árbitros e especialmente com os jogadores da outra equipe.	Tomar consciência de si mesmo, controlar o temperamento, relaxar-se e superar um problema ou dificuldade.

Fig. 10 – Habilidades de Rendimento e Habilidades de Relacionamento

Ao nos envolvermos com o Esporte, o mais importante é proporcionar às crianças, jovens e adultos, possibilidades de verem a si mesmos e aos outros como seres humanos igualmente valiosos, tanto na vitória como na derrota.

Weinstein & Goodman (1993, p. 23) consideram como uma das vantagens em se propor estruturas de jogos não competitivos o fato de poder oferecer uma base especial de aprendizagem

> *onde os jogadores podem praticar a interação, o diálogo apoiativo e a apreciação mútua. E, então, os jogadores podem começar a estender este tipo de interação verbal apoiativa para as outras partes da vida deles.*

Aqueles que jogam em estruturas cooperativas podem se considerar importantes porque estão participando de um jogo em que têm liberdade para expressarem-se autêntica e criativamente, demonstrando suas possibilidades e dificuldades e aprendendo a respeitarem-se como partes integrantes de um todo maior.

Quando existem muitas oportunidades para o sucesso, é mais provável que as pessoas o alcancem e compreendam que a busca incessante pelo ganhar não é necessariamente o único motivo para jogar e viver. Se colocamos pessoas em estruturas competitivas de ganhar e perder, também temos a responsabilidade de ajudá-las a crescer com isso. Porém, isso não é algo que ocorre automaticamente, porque, em geral, o jogo não competitivo, conforme Weinstein & Goodman (1993, p. 21),

> *é uma nova experiência para a maioria das pessoas, e isto necessita ser estruturado de um modo que permita os jogadores fazer uma transição confortável a partir de seus condicionamentos competitivos.*

Existem numerosas oportunidades nos Jogos Competitivos para educar por valores. De acordo com Orlick (1982), qual é o melhor lugar para:

- Discutir o verdadeiro significado de valores e comportamentos que são importantes, tais como: ganhar, perder, ter sucesso, fracassar, sentir ansiedade, ser rejeitado ou aceito, "jogar limpo", fazer amizades, desenvolver a cooperação e a competição sadia?

- Ajudar a se darem conta de seus próprios sentimentos e dos sentimentos dos outros?

- Incentivar a colaborar uns com os outros e a aprender como solucionar criativamente alguns de seus problemas e preocupações?

Nesse sentido, em 1998, o Ministério da Educação e do Desporto - MEC - apresenta os Parâmetros Curriculares Nacionais (PCNs) como uma orientação renovada para todo sistema educacional brasileiro, no qual especificamente para a Educação Física, é recomendado

> *dar oportunidades a todos os alunos para que desenvolvam suas potencialidades, de forma democrática e não seletiva, visando a seu aprimoramento como seres humanos. (...) O princípio da inclusão do aluno é o eixo fundamental que norteia a concepção e a ação pedagógica da Educação Física Escolar. (...) aponta para uma perspectiva metodológica de ensino e aprendizagem que busca o desenvolvimento da autonomia, a cooperação, a participação social e a afirmação de valores e princípios democráticos.* (p. 30)

O importante, tanto na Educação Física, no Esporte, como na vida social é incentivar as pessoas a praticar os valores adequados e a controlar a competição ao invés de serem controladas por ela.

16. A "Ensinagem"[27] Cooperativa do Esporte

A princípio parece ser difícil conceber atividades cooperativas estimulantes e jogos não competitivos sem perdedores. De um modo geral, reconheço que inserir

27 *Ensinagem* é uma palavra síntese criada por Neyde Marques para referir-se àquilo que é essencial no processo de ensino-aprendizagem.

mudanças na cultura esportiva pode ser uma tarefa muito delicada e passível de encontrar bastante resistência.

Entre as razões que justificam essa resistência a mudanças, gostaria de apresentar a posição de Orlick (1987, p. 124), explicando a resistência ao novo como resultado da orientação global da nossa sociedade *"que limita as nossas experiências cooperativas e estreita a nossa visão dos jogos e dos esportes. Contudo, constatamos que, uma vez entrando na tendência cooperativas das coisas, as ideias de cooperação são geradas rápida e regularmente".*

O que pretendemos gerar com este estudo é o desenvolvimento de uma Pedagogia do Jogo e do Esporte, apoiada em estruturas socioeducacionais de cooperação e solidariedade.

Desse modo, abordarei seis procedimentos utilizados pela abordagem dos Jogos Cooperativos que podem facilitar a integração da Consciência de Cooperação na Pedagogia do Esporte:

1º – Experimente as diferentes categorias dos Jogos Cooperativos

Compreendendo a diversidade de situações e da população a ser envolvida por um programa de Jogos Cooperativos, Orlick (1989) enunciou diferentes *"Categorias de Jogos Cooperativos"* para atender gradativamente ao propósito de integrar os Jogos Cooperativos em diferentes contextos.

Embora sejam apresentadas em separado, essas *Categorias* (Fig. 11) se relacionam de uma maneira interdependente, fazendo com que, em uma mesma atividade ou situação, mais do que uma delas esteja sempre presente.

CATEGORIAS	CARACTERÍSTICAS
Jogos Cooperativos sem perdedores	Todos jogam juntos para superar um desafio comum e, principalmente, jogam pelo prazer de continuar a jogar juntos.
Jogos de Resultado Coletivo	Nestes jogos há um forte traço de cooperação em cada equipe e entre as equipes. A motivação principal está em realizar objetivos comuns, que necessitam do esforço coletivo para serem alcançados.

CATEGORIAS	CARACTERÍSTICAS
Jogos de Inversão	Enfatizam a noção de interdependência, através da aproximação e troca de jogadores que começam em times diferentes. Conforme os jogos se desenvolvem, os jogadores vão mudando de lado literalmente, colocando-se uns no lugar dos outros. Desse modo, podem perceber com nitidez que são essencialmente todos membros de um mesmo time. **Rodízio**: Os jogadores mudam de lado de acordo com situações pré-estabelecidas, exemplo: após a cobrança de *escanteio* (futebol); **Inversão do goleador**: O jogador que marca o ponto (gol, cesta, marca etc.) muda para o outro time; **Inversão de placar**: O ponto (gol, cesta, marca etc.) conseguido é marcado para o outro time; **Inversão total**: É uma combinação das duas inversões anteriores.
Jogos Semicooperativos	São indicados para iniciar a aplicação dos Jogos Cooperativos em grupos de adolescentes, especialmente num contexto de aprendizagem esportiva. Sua estrutura fortalece a cooperação entre os membros do mesmo time e oferece aos participantes a oportunidade de jogar em diferentes posições; **Todos jogam:** Times pequenos facilitam a participação de todos; **Todos tocam/Todos passam:** A bola deve ser passada por entre todos os jogadores do time para que o ponto seja validado; **Todos marcam ponto:** Para que um time vença, é preciso que todos os jogadores tenham marcado pelo menos 01 ponto durante o jogo. **Todas as posições:** Todos os jogadores passam pelas diferentes posições no jogo. **Passe misto:** A bola deve ser passada, alternadamente, entre meninos e meninas; **Resultado misto:** Os pontos são convertidos, ora por uma menina, ora por um menino.

Fig. 11 – Categorias de Jogos Cooperativos

Apoiados nas diferentes *Categorias dos Jogos Cooperativos* acima mencionadas, podemos desenvolver inúmeras atividades para estimular adequadamente o envolvimento de crianças, jovens e adultos com os Jogos Cooperativos como uma alternativa de aprendizagem e convivência possível para todos.

Considerando a integração desses tipos de jogos em ambientes e grupos com pouca ou nenhuma experiência anterior, é aconselhável iniciar pelos *Jogos Semi-cooperativos* e *Jogos de Inversão* para, aos poucos, caminhar na direção dos Jogos Cooperativos sem perdedores.

Vale destacar também que a princípio pode parecer que utilizar os *Jogos de Inversão*, particularmente a *"inversão de placar"* e a *"inversão total"*, seja um procedimento de difícil aplicação e muito distante da realidade. A esse respeito é bom lembrar que toda e qualquer mudança deve respeitar características, condições e ritmos próprios do contexto em que se realizam. Cada grupo apresenta particularidades que devem ser consideradas como balizadores para o **processo de mudança.**

Curso Pós-graduação em Jogos Cooperativos - 1ª Turma. Santos - SP (2000)

Por exemplo, um *Jogo de Inversão* pode ocupar várias aulas ou seções de treinamento para ser implantado em sua totalidade e, depois disso, continuar sendo recriado pelos próprios participantes do jogo. O conceito por trás dos *Jogos de Inversão* é radical, isto é, está ligado às nossas raízes. Esses jogos nasceram do resgate de jogos e atividades praticadas nas culturas ancestrais, nas quais "marcar um ponto" representava conquistar o direito de oferecer um presente ou prêmio para os demais jogadores[28].

Para alguns povos ancestrais, esse tipo de jogo simbolizava que o valor de uma pessoa só tinha sentido quando ela era capaz de colocar esse valor à disposição do

28 Terry ORLICK, 1989.

bem-estar de toda a comunidade. Talvez, por isso, encontramos algumas dificuldades para praticar *Jogos de Inversão* em nossa cultura... moderna e civilizada!!!

Tudo isso pode favorecer a aceitação da Cooperação como algo a ser conhecido e experimentado pouco a pouco. O respeito à cultura de cada pessoa e de cada grupo é um dos mais importantes e desafiadores tipo de *Jogo Cooperativo* a ser convivido no dia a dia.

2º – Utilize critérios cooperativos para a Formação de Equipes

Um segundo e importante processo para gerar ambientes de aceitação recíproca e integração cooperativa diz respeito aos critérios que são utilizados para a formação de grupos.

Zlmarian Walker (1987) apoiada em sua experiência educacional na Escola das Nações, desenvolveu uma série de critérios para incentivar a aproximação espontânea e a integração, a partir da formação criativa de grupos para brincar, jogar, praticar esporte ou realizar outros tipos de tarefas em conjunto. Vejamos alguns desses critérios:

- **Mês de nascimento**: grupo 1º trimestre; grupo 2º trimestre, grupo 3º trimestre; grupo 4º trimestre;

- **Dia de nascimento**: grupo 1ª quinzena; grupo 2ª quinzena;

- **Signos**: signos do elemento Ar; do elemento Água; Fogo e Terra;

- **Horário de estudo**: manhã, tarde e noite;

- **Inicial do nome**: grupos de A-H, I-O, P-Z; ou de acordo com o número de letras do primeiro nome;

- **Cores da roupa**: claro e escuro;

- **Preferências**: quem prefere café com leite, de um lado; do outro lado, quem prefere suco de laranja.

Ao apresentarmos maneiras criativas e divertidas para a composição de grupos e times, deslocamos a preocupação normal de querermos estar sempre com o mesmo grupo. Pode não haver nada de ruim em querermos estar sempre com o mesmo grupo; o problema é que, mantendo essa postura, deixamos de incentivar com naturalidade e criatividade a busca por novas parcerias e agrupamentos.

Da forma como Walker nos inspira, podemos tornar a formação de grupos um jogo curioso, divertido e cooperativo. Contudo, a autora nos alerta para o cuidado de

> *não empregar critérios numa maneira que possa levar a qualquer discriminação racial, ética ou de classe social. Portanto, não é aconselhável dividir grupos entre aqueles que têm ou não bicicleta ou certo tipo de brinquedo, se foram a este ou àquele passeio.* (p. 184).

Formar, desfazer e transformar grupos e times é um exercício que pode nos preparar para circular com maior leveza, flexibilidade e prazer, por entre os vários campos de Jogo que vivemos no dia a dia.

"Trans-formando"- NATES. Juiz de Fora - MG (2000)

Praticar o desprendimento em relação aos grupos fechados que constituímos não significa que estaremos perdendo algo ou deixando de participar daquele grupo de preferência. Ao contrário, estaremos aumentando as possibilidades de participação e inclusão de novos parceiros e de expansão dos antigos relacionamentos.

3º – Amplie a visão sobre a Premiação

A premiação tem sido um foco de boas reflexões e, de certa forma, de insondáveis soluções. Portanto, apenas sinalizaremos algumas dessas inquietações que temos procurado abordar, referenciados pela ótica e pela ética dos Jogos Cooperativos, tais como:

- Como tratar a questão da premiação nos Jogos Cooperativos?
- É possível reconhecer e valorizar os resultados finais sem diminuir a importância do processo de jogar?
- Existem alternativas para a medalha e o troféu?

Estudos recentes sobre o valor das recompensas e punições na formação humana têm indicado novas direções, como podemos notar nas pesquisas realizadas por Khon (1993), que propõe uma profunda revisão a respeito do valor e do sistema de recompensas e punições aplicadas nos mais diferentes campos de aprendizagem e relacionamento humano. Para o autor, *"as recompensas nos motivam a obter recompensas"* e não a melhorar o envolvimento com aquilo que estamos realizando.

Se basearmos nossa pedagogia em um sistema de recompensas, sejam elas medalhas, diplomas, dinheiro ou pirulitos, estaremos deslocando a motivação principal da ação pedagógica – que é gostar de participar, aprender e compartilhar – para a preocupação de unicamente ganhar... uma recompensa.

Concordo com Walker ([1987], p. 185) quando ela diz que *"a melhor forma de premiar é a de desenvolver sentimentos de cooperação e de alegria pelo trabalho mútuo dos participantes".*

O foco de nossas atenções e ações não deve restringir-se ao resultado do jogo, à classificação no campeonato, nem à premiação ou à punição final. Esses são interesses que fazem parte do Jogo, mas não são a principal nem a melhor parte.

No Jogo e no Esporte, devemos nos concentrar no processo da atividade.

Centrando nossa capacidade de intervenção no percurso dos acontecimentos, poderemos criar, gradualmente e em conjunto com os participantes, situações e representações para enfatizar o valor de estar jogando e de ser parte do evento, ao invés de hipervalorizar o resultado e o reconhecimento daqueles que o produzem.

Não há intenção de esgotar o assunto, apenas indicar a necessidade de uma revisão radical e permanente sobre a importância da premiação. A sugestão é caminhar na perspectiva de reconhecer e valorizar a pessoa que joga, independentemente de sua competência para ganhar. Apreciá-la como alguém especial, especial como é cada um de todos nós. Somos especiais por simplesmente Sermos nós mesmos, verdadeiramente.

Curso Jogos Cooperativos. Brasilia - DF (2010)

Sermos nós mesmos e respeitarmos a autenticidade uns dos outros são aprendizagens para a vida toda. O Jogo e o Esporte, orientados por princípios socioeducativos baseados na cooperação e na solidariedade, são uma boa escola para aprender e ensinar essas e outras lições fundamentais. É uma boa Escola de Convivência!

4º – Realize Co-opetições (Campeonatos Cooperativos)

Um exercício muito desafiador e altamente construtivo é criar, organizar e realizar eventos orientados pelos princípios de Cooperação. Como desenvolver um campeonato interclasses dentro da escola? E Jogos Escolares no município? Ah! E um Festival de Esportes para a semana das crianças, no clube?

Bem, na perspectiva educativa presente nos Jogos Cooperativos, é importante saber que todo evento é parte de um processo de ensinagem mais amplo. Não precisa ser o ponto mais alto a ser alcançado, mas pode ser um momento educacional especial para ser vivido em comunidade. Sendo assim, é aconselhável que cada evento seja construído e realizado envolvendo a participação efetiva de todos os protagonistas da experiência a ser vivida.

Há alguns anos, criamos, em conjunto com professores da Rede Municipal de Ensino de Santos-SP, os "Jogos Escolares Cooperativos: a amizade em primeiro lugar"[29]. Foi uma tentativa de combinar a cultura competitiva vigente no âmbito das escolas com a alternativa cooperativa apresentada pelos Jogos Cooperativos.

O resultado dessa primeira experiência serviu para inspirar outras iniciativas em diferentes localidades, demonstrando a possibilidade de integrar a Cooperação, gradativamente, na Competição. Daí, a Co-opetição como uma síntese transitiva no percurso da transformação de atividades e eventos de Cooperação, em diferentes situações.

Atividade com paraquedas - Dia do Desafio. Santos - SP (2001)

5º – Peça um tempo para co-aprender!

No Esporte, é comum pedir "tempo" para discutir técnicas e táticas mais adequadas. Utilizando esse recurso durante o processo de ensinagem do Esporte, podemos destacar diversas oportunidades significativas de aprendizagem.

Uma boa forma de ampliar as oportunidades para uma intervenção educativa que vá além da simples orientação para vencer o jogo, é permanecer atento, observando as jogadas e, ao mesmo tempo, as atitudes dos participantes e os relacionamentos entre eles.

Ao perceber conflitos, pode-se pedir um "tempo", intervir – não necessariamente, interromper – no jogo para propiciar a reflexão sobre o que houve. Pode-se incentivar a descoberta de formas de participação mais adequadas e logo continuar a jogar. Também é importante dar um "tempo" quando surgem valores positivos,

29 Ver um modelo de Jogos Escolares Cooperativos no "Com-Nexos".

como, por exemplo, ajudar alguém que caiu; ser honesto sobre um lance duvidoso; jogar com bom humor.

6º – Compartilhe Boas Notícias!

O Jogo e o Esporte são constituídos por uma grande maioria de "bons exemplos", "atitudes nobres" e "valores fundamentais". Entretanto, nem sempre são valorizados, difundidos, e muitas vezes passam despercebidos. É preciso mostrar e valorizar as "boas notícias" praticadas nos campos esportivos.

Com um pouco de orientação, crianças, jovens e adultos podem decidir por si mesmos o que desejam destacar no jogo, como deveriam tratar uns aos outros e como ajudarem-se mutuamente para seguir pelos caminhos que consideram benéficos para todos.

Jogando Cooperativamente, podemos reconhecer que a verdadeira vitória não depende da derrota dos outros. Podemos compreender que, ao participarmos do Jogo e do Esporte, o principal valor está na oportunidade de conhecermos um pouco melhor nossas próprias habilidades e potenciais e, simultaneamente, cooperarmos para que os outros realizem o mesmo.

A esse respeito, Sobel (1983, p. 1) comenta que

> *(...) todos os jogadores nos jogos cooperativos realmente representam um único time. Nenhuma habilidade pessoal é tão importante como o simples fato de participar e se divertir juntos. Este tipo de atividade transmite uma mensagem importante: você é ótimo simplesmente porque você é você; e nós aceitamos você (...). Os jogadores são mais importantes que o jogo.*

"Os jogadores são mais importantes que o jogo". Nessa perspectiva, durante o Jogo podemos realmente transformar *"adversários em solidários"*, como sonhou um dia o amante do esporte, jornalista, escritor e senador da república, Arthur da Távola [30].

30 Arthur da TÁVOLA, 1985.

O Jogo e o Esporte como um Exercício de Convivência

"De uma coisa sabemos: a Terra não pertence ao homem. É o homem que pertence à Terra. Disso temos certeza. Todas as coisas estão interligadas como o sangue que une uma família. Tudo está relacionado entre si. O que fere a Terra, fere também os filhos e as filhas da Terra. Não foi o homem que teceu a teia da vida: ele é meramente um fio dela. Tudo o que fizer à teia, a si mesmo fará".

Chefe Seattle[31]

31 Chefe Seattle (1856), em carta ao governador de Washington, EUA.

Tudo que realizamos, incluindo a realidade em si mesma, é consequência de um existir com outros, "ninguém apenas existe. Todos inter-existem e co-existem" (Boff, 1998, p. 18).

De fato, toda existência é uma co-existência. Desse modo, podemos dizer que a qualidade de nossas realizações está intimamente ligada à qualidade de nossas inter-relações.

Jogos Cooperativos. CEPEUSP (1995)

Vivemos neste Jogo de Interdependência cotidiano, empenhando-nos em melhorá-lo dia a dia. Temos um sentido natural de aprimoramento da existência. Nenhum de nós vive para ser infeliz, nem joga para perder de propósito, porque quer. Entretanto, nem sempre somos felizes e vencemos. Por melhor que façamos, por mais competentes que possamos ser, o resultado do jogo não está só em nossas próprias mãos. Vivemos interdependentemente ligados uns aos outros, e os resultados, o placar de cada lance de nossas vidas, interdepende da nossa habilidade de viver (convivência) e produzir (cooperação) uns COM os outros, porque tudo evolui como um Todo, como uma vasta teia de conexões.

Cooperação e Convivência são práticas e, ao mesmo tempo, princípios do **Jogo de Interdependência**, no qual tudo e todos estão envolvidos. Praticar a Convivência e a Cooperação é um exercício para o cotidiano. Como tal, é necessário que seja aprendido, aperfeiçoado, incluído como uma experiência interior, compartilhado com o mundo exterior e, então, reaprendido... num ciclo permanente de ensinagem.

Este ciclo infinito de ensinagem pode ser nutrido por diferentes abordagens. Neste caso, sustento a ideia de que, por meio do Jogo e do Esporte, podemos vitalizar a Convivência e a Cooperação de uma forma simples, complexa, desafiadora, divertida e, fundamentalmente, inclusiva.

Tendo os Jogos Cooperativos como eixo desse processo, destaco dois de seus principais focos de abordagem: autonomia e alternomia[32].

Através do Jogo e do Esporte, a sinergia entre autonomia e alternomia é sintetizada e ganha proporções extraordinariamente educativas e transformadoras. Jogando cooperativamente, somos desafiados a rever problemas com mais consciência, a buscar soluções com melhor *co-opetência* (competências compartilhadas) e a despertar e valorizar o estilo de jogar uns dos outros.

Assim, podemos redescobrir criativa e cooperativamente nossa originalidade, autenticidade e espontaneidade, afirmando a importância de expressar o próprio jeito de Ser e de se fazer no mundo[33], em sintonia com os outros e para o bem de todos. Este jeito de reconhecer e compreender as diferentes possibilidades e dimensões da co-existência humana, presentes no Jogo e no Esporte, implica o aperfeiçoamento de um complexo conjunto de habilidades, o qual denomino aqui de Habilidades de Com-Vivência e **Cooperação**, podendo citar entre elas:

- **Visão Compartilhada:** Compreensão daquilo que é ESSENCIAL a todos;

- **Propósito Como-Um:** Identificação de um centro de interesse comum a partir de interesses individuais genuínos;

- **Re-descoberta pessoal**: Valorização do jeito de Ser e de se fazer no mundo;

- **Co-operação**: Articulação dos diferentes jeitos para a realização de um propósito comum;

- **Comunicação:** Sustentação do diálogo como uma “ação-de-ser-como-um”.

- **Auto-mútua confiança:** Reconhecimento do outro como um cúmplice e de si mesmo como uma força essencial para com-viver cada desafio;

- **Bom humor e descontração:** Para todos os momentos, especialmente para aqueles mais complexos;

---

32 *Alternomia* refere-se ao reconhecimento da liberdade como um valor e uma atitude presente nos outros, também.

33 Como nos alerta Cesar Barbieri, coordenador do Programa Esporte Educacional do INDESP, 1995-1997.

- **Re-Creação coletiva:** Disposição para criar jeitos diferentes de fazer a mesma coisa... e ousar experimentar!

- **Celebração:** Desfrutar de sucessos e insucessos como oportunidades para celebrar encontros e saborear as (im)possibilidades de VenSer... Juntos!

Parece ser um consenso, tanto na comunidade científica como entre as diferentes tradições espirituais e na sociedade em geral, que estamos vivendo uma rara e espetacular chance de co-participarmos da Re-Creação do Jogo da Vida. Ao mesmo tempo, estamos sendo alertados para gerenciar, com extrema cautela e responsabilidade, nosso acervo tecnológico e bélico, pois, pela primeira vez na história da civilização, reunimos as condições não só para nos tornarmos, também, co-responsáveis pela destruição da espécie humana, como ainda para provocarmos quase que a extinção da vida no/do planeta.

No campo deste Jogo maior, não se trata apenas de conquistar um título, subir no *podium* ou garantir o emprego. Trata-se de escolher continuar vivendo e colaborar para que a Vida continue existindo.

Isso pode parecer um tanto pretensioso, distante demais das quadras, das pistas, piscinas, campos de futebol, tablados de ginástica ou de nossos lugares lúdico-esportivos mais cotidianos. Talvez realmente seja, e é por esse motivo, entre outros já citados, que faço este mergulho na Consciência da Cooperação refletida no Jogo e no Esporte. Porque é preciso que retomemos o caminho para perceber o quanto cada uma de nossas ações e não ações repercutem em todas as dimensões e manifestações da Vida. Estamos todos ligados uns aos outros de modo que cada uma de todas as minhas ações e não ações afeta você e a todos os outros e a todas as coisas, e vice-versa.

O Jogo e o Esporte são experiências humanas, portanto devem estar a serviço do humano em sua jornada evolutiva, ou melhor, co-evolutiva, colaborando para que a vida, em todas as suas manifestações, siga seu destino de permanente criação e Re-Creação.

Esse nosso impulso para a criação continuada nos mantém ligados a um jogo original, no qual, desde há muito tempo, aspiramos a um grande salto: sair da Sobrevivência e alcançar a Transcendência (Fig. 12).

Entretanto, nenhum tipo de salto isolado e nenhum saltador solitário, por mais tecnologia e competência que possa reunir, permitirão atingir a marca que há tempos temos desejado. A distância entre essas duas dimensões de nossa co-existência (Sobrevivência e Transcendência) somente poderá ser, gradativa e sistematicamente encurtada, se nos habilitarmos a realizar um **salto compartilhado**, nos tornando **saltadores solidários**, que buscam juntos um **salto Como-Um**.

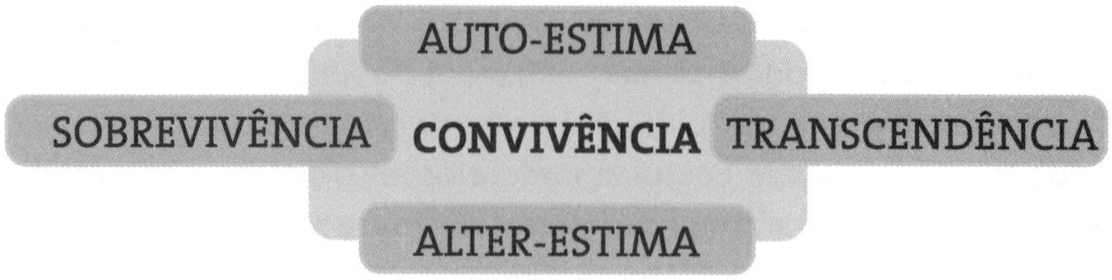

Fig. 12 - Da Sobrevivência à Transcendência... passando pela Convivência

E este é, a meu ver, o necessário e preciso Exercício de Convivência, capaz de nos permitir circular harmônica e integralmente por entre os polos aparentemente opostos de nossa Inter-Existência cotidiana. Este **Salto de Convivência** pede muita dedicação, zelo e entusiasmo. Conviver é um processo demasiado complexo para que ocorra ao acaso e permaneça vivo em nossas relações diárias, sem que seja cotidianamente cultivado.

Por essa razão, proponho o desenvolvimento dos **Jogos Cooperativos como um Exercício de Convivência e Cooperação**. Considero necessário praticá-lo com consciência e envolvimento, reconhecendo que ele é não somente importante para melhorar a qualidade de vida pessoal, local e mundial, mas também essencial e vital para poder oferecer às futuras gerações o direito e o prazer de continuar jogando e vivendo uns com os outros em Comum-Unidade.

17. O (im)possível Mundo onde todos podem *VenSer*

Tudo é possível se for (im)possível para todos.

Os Jogos Cooperativos têm servido como um caminho para a promoção de valores e atitudes humanas que propiciam o bem-estar pessoal e coletivo. Atualmente, a produção de conhecimento e experiência sobre esse assunto é cada vez maior [34]. Ao mesmo tempo, há um aumento extraordinário de programas realizados em escolas, comunidades, empresas, organizações não governamentais e governamentais, que incluem a realização de Jogos Cooperativos, preservando e nutrindo seus princípios originais de *participação, inclusão, realização de objetivos comuns, diversão e cooperação.*

Talvez, há alguns anos, fosse inconcebível criar, realizar e participar de **Jogos em que todos jogam e podem *VenSer*** (ser importante e valioso por Ser quem "É" e não pelos pontos que marca ou recordes que quebra).

34 Ver em http://jogoscooperativosefe.ning.com/page/teses-e-dissertacoes algumas das muitas produções acadêmicas abordando os Jogos Cooperativos.

Mas, hoje, esta é a nova real-idade!

Jogos em que todos podem *VenSer* deixaram de ser uma alternativa, uma novidade, uma tendência e uma utopia, para constituírem-se em uma real necessidade destes novos tempos de maior complexidade. Nos mais distintos setores da sociedade, destilam-se teorias, ensaiam-se práticas e despertam-se consciências, centradas no propósito comum de "construir um Mundo onde todos podem ganhar"[35] e *VenSer* Juntos!

Este Jogo Renovado está acontecendo em muitos lugares simultaneamente: no país em que vivemos, no local onde trabalhamos, nas ruas onde transitamos, nos lares onde convivemos e dentro de nós mesmos, onde somos e interexistimos como um todo que abarca e é abraçado por tudo ao nosso redor. Fazemos parte do Jogo.

Somos o próprio Jogo jogando a si mesmo

Sendo co-participantes desse Jogo Como-Um, temos, basicamente, uma escolha a ser feita. Podemos escolher entre:

- **Co-participar do Jogo:** praticando a co-responsabilidade, fazendo a nossa parte em sintonia e sinergia com os outros, para o bem de todos. Colaborando para o Jogo continuar.

OU

- ***"No-participar"*[36] do Jogo:** ficando cada um na sua ou em oposição aos outros, iludindo-se com a ideia de poder se dar bem sozinho e correr o risco de acabar com o Jogo.

Escolher é sempre uma atitude pessoal e uma ação interpessoal. Toda escolha feita no presente é influenciada pela reflexão das escolhas anteriores – as próprias e as de outros – reflexão essa que afetará as escolhas que serão feitas no futuro... desde que exista um futuro. Escolher é compartilhar uma decisão que afeta a convivência de todos, de um jeito ou de outro.

Decidir é um pacto de co-responsabilidade, gerador de um *Im-pacto de Eco-evolutividade.*

35 Hazel HENDERSON, 1998.

36 Uma brincadeira combinando o "no" (não) da língua inglesa com o "participar" da língua portuguesa para resultar na ideia do "não participar".

Escolhendo participar do Jogo e do Esporte, com uma postura de Cooperação, podemos aprender a harmonizar conflitos, desequilíbrios, crises e confrontos; através do aperfeiçoamento da nossa habilidade de cooperar uns com os outros, gerando ordem na desordem (cosmos no caos), solidariedade na adversidade, companheirismo no individualismo e cooperação na competição.

Jogando Cooperativamente, aprendemos que quanto maior o grau de complexidade do jogo/situação, maior a necessidade de atenção, comunicação, integração, ajuda mútua, participação, inclusão, diversão, vontade de continuar jogando e que a principal motivação não é o desejo de ganhar, nem o medo de perder, mas é o prazer de ser/fazer parte do jogo.

Jogos Cooperativos são uma forma de diálogo consciente e re-creativo, envolvendo a pessoa, o grupo, a humanidade e a Natureza, numa grande e ousada aventura pelo caminho do Encontro, ao invés do confronto ou da separação.

Se no passado mais remoto valorizamos demasiadamente o coletivo em detrimento do indivíduo, a partir da modernidade quase que invertemos essa relação. Acentuamos o individualismo, contrapondo-o à dimensão gregária e mais solidária da sociedade humana. De uma maneira ou de outra, tivemos posturas opostas que, exacerbadas, indicam a necessidade do momento de buscar um ponto de harmonia entre elas, um caminho do meio, um centro de convergência: o **TAO**[37] **do Encontro**. Encontro este somente possível através de um Jogo de Cooperação.

Praticando a Cooperação, aprimoramos a **Arte da Combinação** entre indivíduo-e-coletivo, através do exercício da:

- **Auto-estima**: despertando e desenvolvendo os talentos, as vocações, os dons e tons pessoais, como peças singulares, importantes e fundamentais ao grande Jogo da co-existência;

- **Alter-estima:** como um princípio vital para a aproximação, o entrelaçamento e o arranjo harmonioso de cada uma das diferentes peças para Re-Crear o Todo.

Jogando com a Consciência da Cooperação, podemos desfazer as barreiras que construímos para atacar e defender e, então, nos abrir para recuperar o contato com os outros que estão fora e dentro de nós mesmos. E é nessa dimensão interior do Jogo Cooperativo que podemos descobrir quem somos autenticamente, mostrando o que há para além das aparências e diferenças, aproximando-nos de uma síntese essencial do...

37 "Tao significa o Absoluto, o Infinito, a Essência, a Suprema Realidade, a Divindade, a Inteligência Cósmica, a Vida Universal, a Consciência Cósmica, a Consciência Invisível, o Insondável etc." (Lao-Tsé, 1988, p. 12).

Eu COM Outro... revivendo o NÓS.

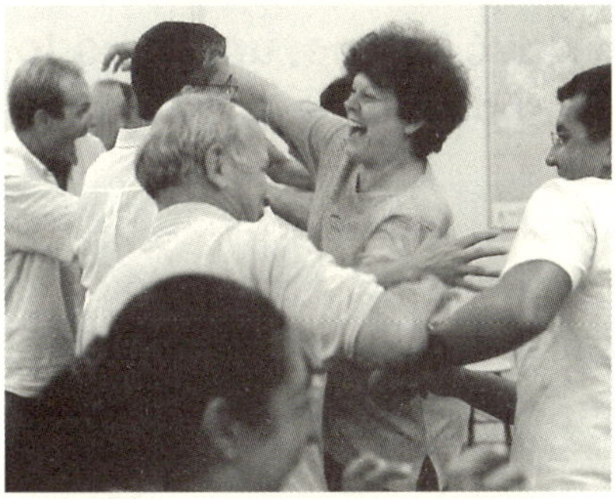

Oficina Jogos Cooperativos - Universidade Estadual de Santa Catarina. Criciúma - SC (2001)

Este Jogo, redimensionado e ampliado pelo NÓS, permite praticar jogadas para nos conduzir ao aperfeiçoamento para além dos gestos técnicos, das estratégias, planos de jogo e dos talentos individuais. Ajuda-nos a realizar algo maior que o Jogo.

Brincando, jogando, dançando, lutando, praticando esporte, fazendo ginástica, meditando, aprendemos a rever nossas experiências e vamos reciclando pensamentos, sentimentos, intuições e atitudes. Reconhecemos e valorizamos nosso próprio jeito de jogar e respeitamos os outros, em seus diferentes jeitos de enxergar e atuar. E, ainda, descobrimos que jogando uns com os outros, podemos alcançar objetivos que jamais qualquer um de nós, isolado ou contra os outros, poderia alcançar.

Nesse sentido, **Jogos Cooperativos** constitui-se numa "Ciência-Arte-Fé" da Convivência entre iguais-e-diferentes, colaborando para aperfeiçoar nossa co-opetência para realizar o (im)possível, desde que o realizemos em parceria e confiança, uns COM os outros.

E é sobretudo exercitando a confiança, o "fiar-junto", como uma das mais preciosas habilidades humanas, que poderemos transcender os limites do impossível e responder adequadamente aos desafios que nos serão colocados daqui para frente. Desafios que nos impulsionarão para a próxima fronteira evolutiva da vida humana no planeta: a Consciência de Comum-Unidade.

Um Novo Tempo, um Novo Jogo: um Jogo de Cooperação Como-Um!

Um Jogo muito mais interno do que externo e, paradoxalmente, cada vez mais compartilhado. Este Jogo praticado nos campos do cotidiano amplia nossa percepção da realidade e aprimora nossas Co-opetências Colaborativas para Com-Vivermos uma renovada Comum-Unidade Humana na Terra.

18. Jogando no cotidiano de um novo dia

Quando comecei a realizar as primeiras Oficinas de Jogos Cooperativos, visando à difusão da ideia aqui no Brasil, era comum receber comentários mais ou menos assim:

- "Tudo bem, Jogos Cooperativos são muito legais, mas não funcionam na realidade!"

- "Cooperação é uma coisa boa, mas é para outro mundo. A gente vive numa sociedade competitiva e é para essa sociedade que vamos educar nossos alunos."

Ainda hoje, 21 anos depois, noto argumentações dessa mesma ordem. Aliás, o número e a frequência são bem maiores do que antigamente. Até porque a quantidade de oficinas, cursos, palestras, eventos e publicações a respeito de Jogos Cooperativos no Brasil aumentou bastante.

A proposta oferecida pelos Jogos Cooperativos tem sido experimentada em todos os estados brasileiros, tanto no campo da Educação Física e Ciências do Esporte como em outras diversas áreas, como, por exemplo, na Pedagogia, Administração de Empresas, Psicologia, Filosofia, Movimentos Comunitários, Saúde, Desenvolvimento de Potencial Humano, Gestão de políticas públicas entre outras.

Além disso, Jogos Cooperativos vêm sendo desenvolvidos com pessoas e grupos muito diversificados: crianças, jovens, adolescentes e adultos de todas as idades. Nem mesmo a carência de recursos, de instalações e de materiais tem sido obstáculo para a realização de programas incluindo Jogos e outras atividades cooperativas.

Apenas com a intenção de ilustrar este exercício de integração dos Jogos Cooperativos no cotidiano, particularmente na Pedagogia do Esporte, gostaria de compartilhar um dos muitos depoimentos que venho recebendo de pessoas que estão vivendo essa proposta no dia a dia, dentro e fora da escola. Vejamos:

> *Este e-mail é uma "compartilhação" de coisas que eu observei dando aula. Aproveite, se puder...*
> *Lembra-se de que eu comentei c/ v. na segunda-feira que eu tinha dado um futepar*[38] *p/ uma classe (8A)?*
> *No dia seguinte eu dei o futebol normal, mas c/ a pessoa que fizesse gol mudando de time. Dei as instruções sem muitas explicações e comentários.*
> *O jogo foi rolando e todos os alunos - meninos e meninas - trocaram de time, c/ exceção de uma aluna. O que aconteceu é que os colegas de time começaram a trabalhar p/ que ela também fizesse gol, s/ que o outro time facilitasse as coisas. O gol não saiu, mas foi interessante ver alguns alunos que costumam monopolizar o jogo, insistindo em passar a bola "no jeitinho" p/ uma colega menos habilidosa.*
> *No final, quando eu perguntei quem havia ganhado o jogo, a maioria respondeu TODOS como se isso fosse a coisa mais normal do mundo...* [39]

Como podemos notar nesse breve e antigo relato, a dinâmica oferecida pelo Jogo Cooperativo (no caso o Futebol com "Inversão do Goleador") incentiva a participação de todos, favorecendo o desenvolvimento tanto de **habilidades de rendimento esportivo** (passar, chutar, finalizar, marcar, correr, saltar etc.) como, principalmente, de **habilidades de relacionamento cooperativo** (colaborar, respeitar, interessar-se pelo outro, perseverar, ter empatia, sentir confiança etc.).

38 Nota do autor: Futepar é basicamente um jogo de futebol convencional, jogado, porém, em duplas, cujos parceiros jogam com as mãos dadas.

39 Kátia Maria A. BARATA, 1998.

Aliás, cabe ressaltar que ambos os conjuntos de habilidades se situam no contexto do Jogo, do Esporte e da Convivência, de modo integrado. Quando jogamos, somos estimulados a desenvolver integralmente as habilidades de rendimento esportivo e as habilidades de relacionamento cooperativo, entre tantas outras. Sustentar de uma maneira pedagógica essa integralidade é um dos focos da proposta de Jogos Cooperativos.

Recuperando o relato, encontramos também uma demonstração da experiência do VenSer juntos, quando, independentemente do resultado final do jogo, a "maioria" dos alunos compartilhou uma sensação de realização comum. E ainda há outra informação muito importante. Apesar do empenho de todos, "o gol não saiu" e, mesmo assim, a vivência do jogo permitiu boas lições e uma rica aprendizagem para as crianças, além de uma lição preciosa para o professor.

Que lição é essa?

Algumas pessoas esperam que os Jogos Cooperativos resultem em pleno, imediato e permanente sucesso. Se algo sai "errado", isso é motivo para concluir que Jogos Cooperativos não funcionam. Consequentemente, preferem voltar a fazer tudo do mesmo jeito que faziam antes. E, em muitos casos, com maior rigidez.

É verdade que muitas das nossas tentativas têm ficado pelo meio do caminho. Diversas iniciativas não passaram de uma boa ideia, e uma coleção de frustrações, decepções, desistências e desilusões marcou a experiência de muita gente que vem se dedicando a inserir Jogos Cooperativos em seu dia a dia. A questão, porém, não é como evitar a frustração, a decepção ou o sentimento de impotência; é saber lidar com eles, criativa e propositivamente.

Desse modo, uma das principais atitudes diante dos desafios cotidianos é:

CONFIAR NA COOPERAÇÃO.

Quando tudo parece ruir, podemos sustentar a intenção de continuar Cooperando. Logo, começamos a perceber brechas, novas entradas, caminhos e jeitos diferentes para seguir Jogando Cooperativamente.

Bem no início de meu envolvimento com os Jogos Cooperativos, participei da realização de uma "Gincana Cooperativa para um Mundo Melhor" [40], que incluía um dia de "Desafios Cooperativos" na escola, envolvendo alunos, professores, funcionários e pais. O ponto alto do dia seria a "Dança das Cadeiras Cooperativas" [41], em que

40 A "Gincana Cooperativa para um Mundo Melhor" foi realizada em 1992, em Santos-SP, e está descrita no livro que publiquei sobre Jogos Cooperativos. Ver em BROTTO, 1997.

41 Para saber melhor sobre a "Dança das cadeiras cooperativas", consulte Brotto (1997), Brown (1994) e Orlick (1989).

todos os participantes (aproximadamente 200 pessoas) seriam desafiados a terminar o jogo com TODOS sentados em UMA única cadeira.

Como disse acima, "seria" o ponto alto. De fato, foi um verdadeiro desastre! Literalmente, foi "um Deus nos acuda", porque eu não sabia o que fazer para tentar amenizar a loucura generalizada entre os participantes. A maioria das crianças e dos adultos, todos se empurrando e competindo para tentar sentar nas cadeiras, não percebia a possibilidade de compartilhar o assento e cooperar para vencer juntos.

Diante desse fracasso, fiquei arrasado e passei a perguntar para mim mesmo: O que saiu errado? Como encarar as pessoas que confiaram na ideia dos Jogos Cooperativos e em mim? Vale a pena continuar?

Passado o mal-estar, refletimos juntos sobre tudo, aprendemos boas lições sobre o processo de transformação de valores, cultura e comportamento pessoal e coletivo. Para minha surpresa, diretores e professores decidiram pela continuidade e aprimoramento do programa de Jogos Cooperativos na escola.

Pessoalmente, descobri que realmente acreditava na Cooperação e nos Jogos Cooperativos como uma importante contribuição para a realização de um Mundo Melhor.

Compreendi a força de um propósito claro,
a beleza de uma intenção correta
e calma oferecida pela confiança na Cooperação.

Por isso, percebi que era preciso dedicar-me ainda mais aos Jogos Cooperativos, estudando, experimentando, compartilhando sucessos e insucessos e, fundamentalmente, ousando Ser Cooperativo na minha própria vida.

Desde então, venho aprendendo que Jogos Cooperativos não nos oferecem nenhuma garantia de sucesso, tampouco de insucesso, muito pelo contrário! Assim como na vida, uma das únicas garantias que podemos ter em Jogos Cooperativos é a incerteza dos resultados, a ousadia das tentativas e a aventura da descoberta de si mesmo e dos outros. Apenas uma certeza é possível:

A certeza de estarmos todos no mesmo Jogo... juntos!

Fazemos parte do mesmo time, estamos, cada um e cada uma procurando **fazer o melhor**, não para ser "O Melhor", mas sim **para o "Melhor do Ser"!**

Há muitos estilos possíveis neste grande Jogo e podemos praticá-los com mais e mais consciência, visando a reciclar nossa maneira de ver e viver no mundo, transformando o "Ver para Crer" em "Crer para Ver"!

- 1º Tipo: **"Ver para Crer"**. Espera as coisas acontecerem para então fazer parte delas. E se, ao experimentar, encontra resistências, carência de recursos ou resultados inesperados, volta logo atrás, concluindo que o novo não dá certo mesmo e é melhor ficar tudo como era antes. Dá menos trabalho e é mais seguro.

- 2º Tipo: **"Crer para Ver".**[42] É a prática de quem sabe que é parte integrante da realidade e, como tal, o que acontece fora é reflexo do que acontece dentro de si mesmo e vice-versa. Diante das dificuldades, é paciente, tolerante, criativo, bem-humorado, cooperativo e confiante. Aprende a respeitar o ritmo dos acontecimentos e a perceber as brechas por onde o novo pode começar a ser mostrado e vivido. Mantém uma **visão** ampliada e profunda da realidade e **age** de acordo com as possibilidades do momento[43]. Vai à busca de outros caminhos, jeitos e momentos para realizar aquilo em que acredita, gerando benefício para si e para todos os outros.

CREIO nos Jogos Cooperativos como um presente. É preciso deixá-lo circular e envolver nossa mente e coração. E, assim, verificar se há ressonância interna, se acreditamos mesmo que Jogar Cooperativamente é algo importante para nossa própria vida, ou não.

Depois, de duas uma: podemos Compartilhar e irradiar Jogos Cooperativos e Cooperação por aí e com os outros, ou deixar a ideia de lado e partir para outra.

É impossível qualquer tipo de convencimento em se tratando de Cooperação e Convivência, a não ser ***Con-VenSer*** (um vir a ser compartilhado) a si mesmo, isto é, buscar o sentido, o significado e a vivência do Jogo Cooperativo jogando interiormente.

A lógica proposta pelo Jogo Cooperativo é uma lógica dialógica, que busca uma sinergia entre Visão-e-Ação, Teoria-e-Prática, Sonho-e-Realidade, Todo-e-Parte, Indivíduo-e-Coletivo e Cada Um-Consigo Mesmo. Enfim, entre tudo e todos que se acham isolados, separados ou em oposição uns aos outros. É uma proposta de conversa-inclusiva entre os diferentes aspectos que compõem nossa experiência de jogar e viver.

Conheço muitos grupos e pessoas que estão praticando Jogos Cooperativos como uma Filosofia-Pedagogia de trabalho e de vida. Apesar das diferenças pessoais e/ou profissionais, todos têm em comum o profundo interesse de fazer dos Jogos Cooperativos um verdadeiro e contínuo campo para o seu Exercício de Sobrevivência-Convivência-Transcendência.

Assim, considero que a intenção principal em Jogos Cooperativos não é ape-

42 "Crer para Ver", é o lema da campanha da Fundação Abrinq e Natura, promovida em prol da criança e do adolescente.

43 De acordo com a ética e a ótica de *A Águia e a Galinha*, de Leonardo BOFF , 1998.

nas informar sobre conceitos, métodos, conteúdos e outros de seus aspectos; nem mesmo pretender transformar algo ou alguém. Creio que, quando tratamos do Jogo Cooperativo, o propósito essencial é Tocar-Despertar-Trocar-Reencontrar nossa habilidade de viver uns COM os outros.

- **Tocar** aquele que está além da aparência e dos diferentes papéis sociais que representamos, tocar o Ser Humano por trás da camisa, especialmente aquele por trás da camisa do "outro time";

- **Despertar** com os outros a lembrança de nosso estado de Interdependência e Cooperação essencial, presente em todos nós e em todas as coisas;

- **Trocar** nossas possibilidades de realização do (im)posssível, quando operamos, juntos, os desafios do cotidiano;

- **Re-encontrar** quem Eu Sou e quem Somos Nós. E qual nosso papel neste vasto e permanente Jogo da Vida.

Pós-graduação em Jogos Cooperativos. Santos - SP (2004)

Reconheço nessas quatro intenções-ações meu ponto de vista sobre nosso caminho de realização pessoal e coletiva. Sabendo que esta é apenas a vista do ponto onde co-existo e interSou, agora.

Sendo este apenas um entre tantos olhares, considero saudável sustentar a atitude de cultivar novas percepções e atuações no campo dos Jogos Cooperativos, ampliando e aprofundando o conhecimento e a experiência em torno dessa temática.

POSFÁCIO

O Jogo Essencial

"Homens, Ilhas Distantes.
Brevemente, a linda mutação dos seres pensantes tocará todo mundo, toda gente, e não mais haverá Ilhas Distantes.
Os amanhãs germinam na semente,
e a solidão sem sol do que foi antes não mais existirá no continente coletivo das Ilhas dos Mutantes.
E agora vou dizer-vos, vou dizer-vos com minha voz, minha carne, meus nervos:
– Valeu a pena viver a vida!
Chegou o tempo das manhãs lavadas. Os Mutantes caminham de mãos dadas, e o mundo é uma Aldeia Reflorida!"

Anônimo

Como é estranha a sensação de chegar nestes pontos finais. Justamente agora, quando sinto necessidade de seguir em novas direções, enveredar por tantas outras questões e me entusiasmar com a possibilidade de mais descobertas e encontros. Contudo, é preciso pousar, rever a viagem, acolher as re-orientações, antes de seguir voando sobre outras paisagens.

Quando comecei esta jornada pelos Jogos Cooperativos como um Exercício de Convivência, queria que fosse uma dissertação extraordinária, algo para fazer os olhos brilharem, o coração bater mais acelerado, a mente entrar em parafuso e fazer a gente ultrapassar os uniformes, abrir os braços, alargar o sorriso e descobrir o quanto somos importantes... uns para os outros. Esperava nos conduzir por um caminho onde o diálogo estivesse sempre presente e que a disposição para nos desfazer do peso dos preconceitos, medos e traumas, nos deixasse mais leves e dispostos para Jogar num Mundo em Transformação, com a coragem de ser a gente mesmo e desfrutando da companhia dos outros.

Imaginava que pudéssemos tramar esta história com fios de reciprocidade, confiança, curiosidade, alegria e criatividade. Desejei explorar e descrever a proposta e o valor dos Jogos Cooperativos como um caminho para despertar as Co-Opetências **Humanas** necessárias para construir um mundo melhor para todos, sem exceção.

Ao abordar a Pedagogia do Esporte, procurei ressaltar as contribuições que a proposta dos Jogos Cooperativos vem oferecendo para essa área, focalizando os **Princípios Socioeducativos de Cooperação**, aplicados ao processo de ensinagem do Esporte, na perspectiva de vê-lo e vivê-lo como um campo para a descoberta pessoal e promoção do encontro, ao invés do confronto.

Porém, não estou certo sobre a realização dessas aspirações. Será uma incerteza que permanecerá viva. Que bom! Porque, assim, sou inspirado e impulsionado para continuar reaprendendo a co-existir como ser (in)certo, (im)perfeito e (in)completo... uns-COM-outros.

Contudo, dentre todas essas incertezas, sei também de uma certeza. Sei sobre o passo a passo do **Jogo Essencial** no qual estamos envolvidos. Um Jogo em que cada pequeno passo pessoal é sempre um extraordinário com-passo partilhado por todos. Sei, portanto, que **Convivemos**, de um modo ou de outro, **todos ligados Uns nos Outros.**

Claro, este não é um novo Jogo, nem é exclusivo ao ambiente deste estudo. Na verdade, ele é ancestral e vive no tempo-espaço imemorial de nossa inter-existência, como se fosse uma pequena semente-consciência presente no vasto *continuum* de nossas experiências cotidianas.

Através do Jogo e do Esporte, podemos ir despertando essa semente, reativando a Consciência da Cooperação e reconhecendo a importância do Exercício de Convivência para ajudar a solucionar problemas, harmonizar conflitos, superar desafios e realizar objetivos comuns a toda a Humanidade.

De um modo geral, procurei afirmar, no curso desta reflexão, que Jogos Cooperativos não é uma novidade, tendência ou uma boa ferramenta, nem tampouco uma alternativa milagrosa para resolver o que não se resolveu até então. Mas, pretendi sim, dizer que

Jogos Cooperativos é uma possibilidade para todos... que queiram!

Pós-graduação em Jogos Cooperativos - 1ª Turma. Santos - SP (2001)

É algo que está existindo e se desenvolvendo co-criativamente e consistentemente, no mundo e, de uma maneira especial, no Brasil. Não é um dogma, um novo paradigma, ou uma escola de conhecimento. Não há seguidores, nem há alguém para seguir. É apenas um Jogo para compartilhar nossas (im)possibilidades de Re-Crear a Vida... JUNTOS.

Realmente, o Jogo Cooperativo não termina. Ele continua numa sucessão de iniciações e completudes, as quais vão circulando por entre passes, arremessos, corridas e saltos, lançamentos, risos, choros, braçadas e abraçadas, palavras e palavrões... do tamanho de nossos corações.

Desse modo, é impossível conceber um apito final para este Exercício de Convivência. Ao contrário, imagino esta escrita como sendo mais um dos muitos trampolins para nos lançar na direção de outras tantas jogadas pelo universo da Cooperação e da Vida em Comum-Unidade.

Entretanto, não posso apontá-las com precisão, menos ainda indicá-las como recomendação. Posso somente Respirar-Conspirar-Transpirar algumas outras percepções e intuições.

Percebo, a partir deste nosso Jogo Como-Um, desdobramentos interessantes e inquietantes que estão por vir, como por exemplo, a sistematização de uma **Pedagogia da Cooperação**, ou até a formulação de uma **Teoria Geral da Cooperação** e, quem sabe, um guia para cultivar a **Consciência de Comum-Unidade** na era da Sustentabilidade?

Algo que cuidadosamente investigado e prazerosamente convivido poderia oferecer boas contribuições para o desenvolvimento humano no contexto dos novos tempos e das futuras gerações.

Agora, contudo, porém, todavia... ainda que não queira, é preciso uma finalização para este nosso Jogo.

Então, se há alguma coisa que posso dizer a respeito da Cooperação convivida até aqui, é que **somos muito melhores quando compartilhamos a vida com quem a gente ama...** e também com quem a gente pensa que não ama mais, ama diferente ou ainda não ama.

Por isso, é bom reaprender a Amar de verdade, jogando cada partida da nossa vida diária, como se fosse a primeira, a única e a mais Essencial de todas.

E mais uma coisa posso dizer: somos muito mais bem compreendidos quando nos permitimos traduzir na/pela outra parte-todo que somos cada um EM todos nós.

Por isso, agradeço sua presença nesta com-versa-ação sobre o *Jogo Cooperativo* e sei que, de muitas outras maneiras, continuarmos cultivando este nosso *Exercício de Convivência* infinitamente eterno, porque como já dizia o poeta[44]:

Eu sei e você sabe, já que a vida quis assim
Que nada nesse mundo levará você de mim
Eu sei e você sabe que a distância não existe
Que todo grande amor só é bem grande se for triste
Por isso, meu amor, não tenha medo de sofrer
Pois todos os caminhos me encaminham pra você
Assim como o oceano só é belo com o luar
Assim como a canção só tem razão se se cantar
Assim como uma nuvem só acontece se chover
Assim como o poeta só é grande se sofrer

44 Poema *Eu não existo sem você,* de Vinicius de Morais.

Assim como viver sem ter amor não é viver
Não há você sem mim, eu não existo sem você

Pois, então, se é verdade que *"não há você sem mim, eu não existo sem você"*, vamos logo transformar este mundão num lindo e potente Jogo de Cooperação, porque

QUERENDO JUNTOS, PODEMOS TUDO!!!

2º Festival de Jogos Cooperativos. Sesc - Taubaté - SP (2001)

COM-NEXOS

Jogos e Atividades Cooperativas

No Projeto Cooperação, frequentemente recebemos solicitações para apresentar uma variedade maior de Jogos Cooperativos. Claro, é interessante conhecer atividades que reflitam os conceitos e as ideias apresentadas teoricamente. Por isso, temos incluído em nossas publicações alguns Jogos Cooperativos como indicadores das muitas possibilidades de integração da Cooperação nos mais diversificados ambientes e grupos.

Nossa intenção é sinalizar que os Jogos são "com-nexos" de uma abordagem filosófica e pedagógica mais ampla. Eles podem ser boas ferramentas para ajudar a trans-formar pessoas e grupos, desde que operados em **sintonia com a Consciência da Cooperação.**

A seguir, compartilhamos alguns Jogos Cooperativos construídos na convivência com diversos grupos. Todos estão em constante reciclagem e abertos à mudança. A "duração" está intencionalmente omitida, pois, sendo Jogos Cooperativos, possuem muita flexibilidade e podem ser vivenciados no ritmo mais adequado para cada grupo.

Também é proposital a "ordem de apresentação dos jogos". Iniciamos com atividades mais simples e seguimos até aquelas consideradas de maior complexidade quanto ao nível de Cooperação esperada.

Entretanto, é interessante permanecer aberto para discernir qual tipo de Jogo Cooperativo pode ser mais adequado para cada contexto. Por exemplo, pode ser mais indicado começar utilizando *Jogos Semicooperativos* para grupos com uma cultura não cooperativa ou competitiva muito ativa.

Bem, confiamos nestes Jogos como pontos de partida para muitas outras Re-Creações. Tomara que possam servir como boas inspirações para a realização de todas as suas Trans-Pirações.

Tenhamos todos um BOM-JOGO-BOM!

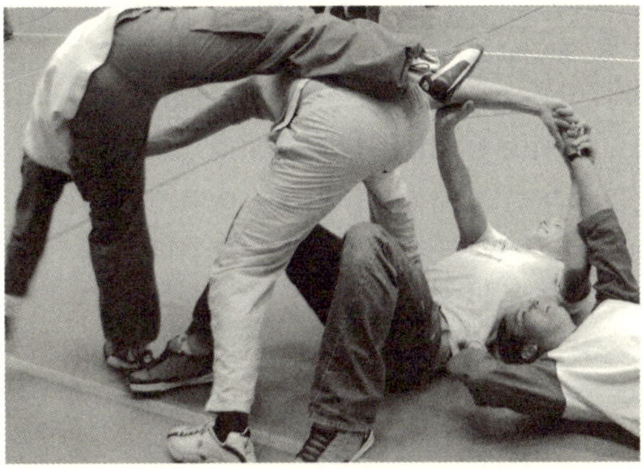

Oficina de Jogos Cooperativos - Amsterdam, Holanda (2005)

GOLFINHOS E SARDINHAS
(Jogo de Inversão)

"Golfinhos e Sardinhas" é um pega-pega muito parecido com os vários já conhecidos, senão por uma pequena mudança capaz de promover grandes transformações.

Nesta brincadeira, propomos o exercício do Livre Arbítrio, da Tomada de Decisão, da Iniciativa para Correr Riscos e da Aventura de Compartilhar a Liberdade.

Objetivo Comum

- Pegar e escapar.
- Salvar quem foi pego, ou não.
- Decidir continuar o Jogo ou terminar com ele.

Participação

- Desde os 7 anos.
- Um grande grupo.

Espaço

- Espaço amplo, dividido por uma linha central.

Material

- Sem material.

Desenvolvimento

- Este jogo está baseado no pega-corrente.
- Começamos com todos os participantes (menos 1) agrupados numa das extremidades do espaço. Este é o "cardume de sardinhas".
- O participante 1, separado das "sardinhas", será o "golfinho" e ficará sobre uma linha transversal demarcada bem no centro do espaço. Ele somente poderá se mover lateralmente e sobre essa linha.
- O objetivo das "sardinhas" é passar para o outro lado do oceano (linha central) sem serem pegas pelo "golfinho". Este, por sua vez, tem o propósito de pegar o maior número possível de sardinhas (bastando tocá-las com uma das mãos).
- Toda "sardinha" pega transforma-se em "golfinho" e fica junto com os demais golfinhos sobre a linha central, lado a lado e de mãos dadas, formando uma "corrente de golfinhos".
- Na "corrente de golfinhos", somente as extremidades podem pegar.
- O jogo prossegue assim até que a "corrente de golfinhos" ocupe toda a linha

central. Quando isso acontecer, a "corrente" poderá sair da linha e se deslocar por todo o "oceano" para pescar as sardinhas.

ATENÇÃO: Quando a "corrente de golfinhos" for maior que a quantidade de "sardinhas" restantes, propomos a seguinte ação:

- Agora, as "sardinhas" poderão **SALVAR** os "golfinhos" que desejarem ser salvos. Como? Basta a "sardinha" passar por entre as pernas do "golfinho". O "golfinho", então, solta-se da "corrente" e vira "sardinha" de novo.

Re-Creação

- Formar mais que uma "corrente de golfinhos" pode dinamizar mais a atividade.
- Experimentar diferentes formas para SALVAR os "golfinhos": coçar a cabeça dele, dar um abraço etc.

Toques

- Observar o cuidado com a integridade física uns dos outros, particularmente quando as "sardinhas" tentam passar pelo meio da "corrente de golfinhos". Ajude os participantes a descobrir formas saudáveis para jogar.
- Decidir salvar um "golfinho" é uma grande aventura de confiança. Estimular o exercício da solidariedade, cumplicidade e altruísmo nos jogos pode nos ajudar a viver essas e outras co-opetências cooperativas em outros "oceanos" da vida.

Pós-graduação em Jogos Cooperativos - Turma 2. Brasília - DF (2012)

PESSOA PRA PESSOA[45]

(Jogo Cooperativo Sem Perdedores)

Para Cooperar, é preciso nos aproximarmos mais uns dos outros e da gente mesmo. Que tal jogarmos para diminuir a distância e desfazer as barreiras que nos distanciam?

Objetivo Comum

- Despertar a atenção e tempo de reação.
- Diminuir a distância entre as pessoas e promover o con-tato.
- Desfazer preconceitos e incentivar a criatividade.
- Exercitar a Liderança Circular.

Participação

- Joga-se como um único grupo e com participação ilimitada.

Espaço

- Espaço aberto ou fechado, compatível com o número de participantes e livre de obstáculos.

Material

- Nenhum material é necessário.

Desenvolvimento

- Inicia-se incentivando as pessoas a caminharem livre e criativamente pelo ambiente (andar com passo de gigante; de formiguinha; andar como se o chão tivesse pegando fogo; com um tique nervoso etc.).
- Depois de alguns poucos minutos, fala-se em voz bem alta, 2 partes do corpo (mão na testa; dedo no nariz; orelha com orelha; cotovelo na barriga etc.).
- A este estímulo, todos deverão formar uma dupla e tocar um no outro, as partes faladas pelo Focalizador, o mais rápido possível! Por exemplo: – "Mão na testa". Cada pessoa deverá encontrar um par e tocar sua mão na testa do outro e vice-versa.
- Quando todos estiverem em duplas tocando as partes faladas, o Focalizador reinicia o processo, propondo a caminha livre e criativa...
- Após 2 ou 3 dessas combinações, o Focalizador pode dizer em voz alta o nome do jogo: "Pessoa pra pessoa".

45 Re-Creado a partir do jogo *"People to people"*, da Findhorn Foundation-Escócia (1992).

• Nesse momento, todos – inclusive o Focalizador – devem formar uma nova dupla e abraçar um ao outro, bem agarradinhos para garantir o encontro.

• Com a entrada do Focalizador diretamente no Jogo, haverá um desequilíbrio numérico: alguém irá ficar sem par. – "E o que a gente faz com quem sobra?!!"

• Diferente dos jogos convencionais, aquele que sobra não será castigado nem excluído. Quem sobra torna-se Focalizador e re-inicia o Jogo servindo ao grupo, ao invés de ser servido por ele.

Re-Creação

• Propor Con-tatos em trios quartetos ou em grupos maiores pode tornar o Jogo mais desafiante e muito divertido.

Toques

• Este Jogo trata de 2 aspectos fundamentais da Cooperação: Con-tato (toque) e Liderança. Trabalha a questão do Poder de um modo lúdico e muito eficaz, propondo exercitar a aproximação e a empatia num ritmo gradativo, que respeita a integridade pessoal e grupal.

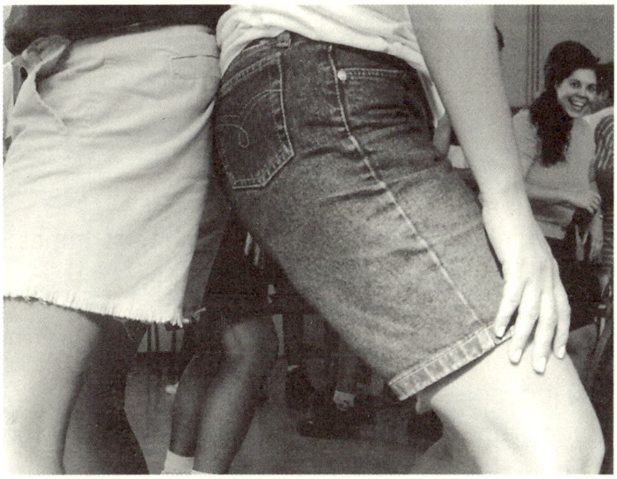

Pós-graduação em Jogos Cooperativos - 2ª Turma (2001)

CORRIDA PÔ[46]
(Jogo de Inversão)

Que tal um jogo em que podemos trabalhar nossas habilidades motoras de locomoção (correr, parar, partir rapidamente...) e, ao mesmo tempo, desenvolver a atenção, a coordenação motora e a rapidez na tomada de decisões? E se, além disso, fosse possível melhorar a autoestima, privilegiar a alterestima e, ainda por cima, aprender a respeitar o ritmo individual e se ajustar ao ritmo grupal?

Pô, vamos juntos experimentar essa "corrida"?!

Objetivo Comum

- Marcar pontos, chegando à "marca do pênalti" do outro lado do campo.

Participação

- Para diferentes faixas etárias.
- Participantes organizados em 2 grupos.
- Conhecer o jogo *Jo-quem-pô* (também conhecido por *Pedra, Papel e Tesoura*), ver demonstração na *Figura 1*. Desenhar, no espaço, as linhas de jogo, conforme *Figura 2*.

Espaço

- Uma quadra esportiva, campo ou pátio.

Material

- Giz branco, fita crepe ou cordas para desenhar as linhas no espaço, se for preciso.

Desenvolvimento

- Dividir os (as) jogadores (as) em dois grupos.
- Posicionar cada grupo na ponta direita de cada linha de fundo da quadra (no vértice da área do gol, por exemplo), ficando, assim, um grupo na diagonal do outro *(ver Fig. 01)*.
- Ao sinal, os primeiros alunos de cada coluna começam a corrida. Ao se encontrarem, param um em frente ao outro e jogam o *Jo-quem-pô*.
- Quem vencer continua a corrida, e quem perder vai para o final da fila do outro grupo (troca de grupo).

46 Jogo apresentado pela Profa. Eliana Rossetti Fausto – Projeto Cooperação.

- No mesmo momento em que o (a) jogador (a) que venceu continua a corrida, o (a) segundo (a) jogador (a) do outro grupo sai em sua direção.
- Ao se encontrarem, jogam *Jo-quem-pô;* quem perde sempre se coloca no final da fila do outro grupo, e quem vence continua o percurso até conseguir chegar à marca do pênalti (por exemplo), o que significa que ele (a) venceu todas as disputas de *Jo-quem-pô*.
- O ponto por ele (a) conquistado é marcado para o grupo em que ele (a) iniciou o jogo e ele (a) se coloca no final da fila do outro grupo (Inversão do "Goleador").

Re-Creação

- Propor saídas em duplas, trios, quartetos ou em grupos maiores pode tornar o Jogo mais desafiante e muito divertido.
- Correr com trios de mãos dadas, decidindo-se o *Jo-quem-pô* na melhor de três disputas simultâneas.
- Acrescentar ao jogo fundamentos da modalidade trabalhada, por exemplo, correr conduzindo uma bola com os pés (futebol).
- Utilizar outros jogos semelhantes, como *Par ou Ímpar,* ao invés do *Jo-quem-pô*.
- Desenhar mais linhas, aumentando a participação simultânea dos (as) jogadores (as).

Toques

- Este jogo proporciona o rompimento do modelo clássico de ganha-perde, pois, a cada momento, as crianças estão em um time diferente. Quando se consegue marcar um ponto, este fica para o grupo de origem; porém, quando se alcança o outro lado da quadra, passa-se a fazer parte do outro grupo. Após alguns minutos de jogo, provavelmente o placar passará a ser algo secundário, e o prazer de jogar e brincar fica completamente resgatado.

Reflexão no final do jogo

- O que aprendi com este jogo? Qual grupo venceu o jogo? E qual é o "meu" grupo? O que acontecia comigo quando eu perdia o *Jo-quem-pô*? Alguém foi excluído/rejeitado por perder no jogo?

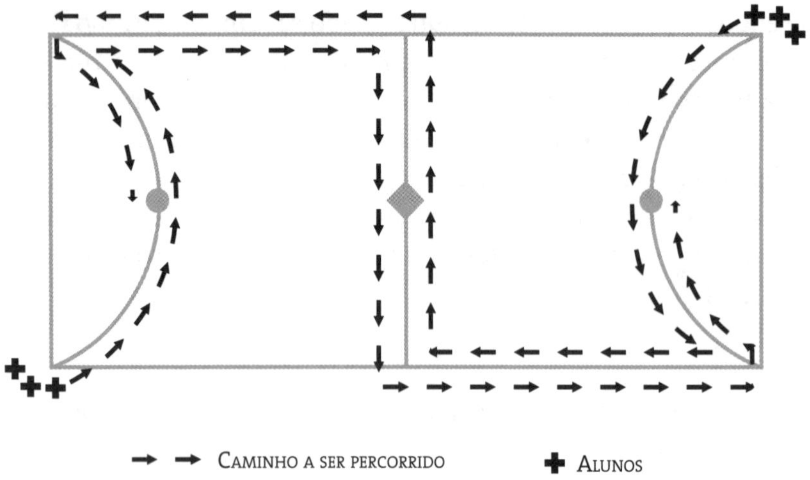
Caminho a ser percorrido
Alunos

Fig. 01

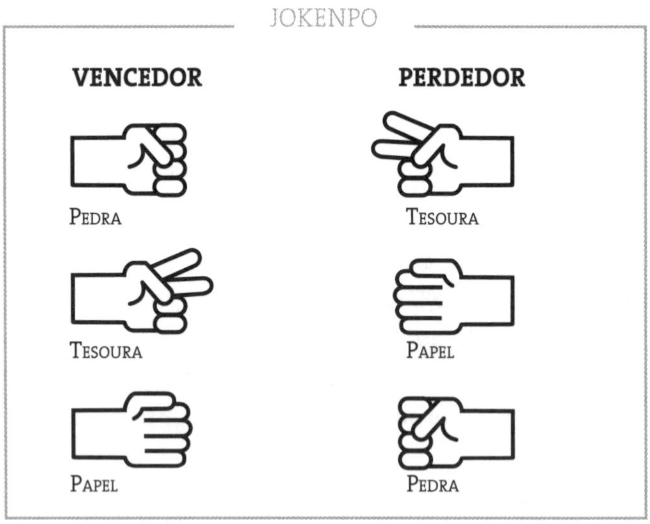
JOKENPO
VENCEDOR
PERDEDOR
Pedra
Tesoura
Tesoura
Papel
Papel
Pedra

TRAVESSIA
NAVEGAR É POSSÍVEL... SE FOR (IM)POSSÍVEL PARA TODOS!
(Jogo Cooperativo sem Perdedores)

Perceber e vivenciar o poder de realização coletiva quando saltamos do paradigma do individualismo para a Consciência da Cooperação. E estimular a criatividade, a empatia, o diálogo grupal, o apoio mútuo, a confiança, a organização-caótica, a resolução de problemas e a disposição para realizar o (im)possível.

Objetivo Comum

- Navegar do "porto seguro" para o "ponto futuro"... todos juntos!

Participação

- O Grupo é organizado em pequenos Times ("barcos") com aproximadamente o mesmo número de participantes. Ideal: 4 Times [47].
- Cada Time é formado por "tripulantes" (pessoas), sentados cada um numa cadeira ("parte do barco"), lado a lado.
- Os Times formados são posicionados como lados de um grande quadrado ("porto seguro"), deixando, porém, os cantos mais espaçados, isto é, um "barco" não encostando no outro. Todos os "barcos" ficam voltados para o centro do quadrado.

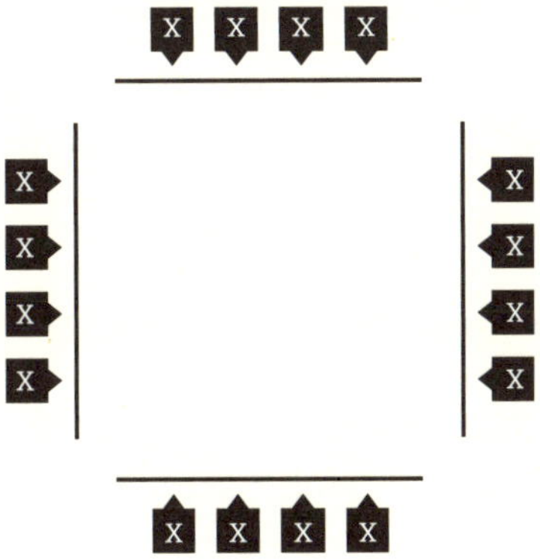

Espaço

- Um salão amplo ou ao ar livre (suficiente para acolher todo o Grupo).

47 Sugerimos usar algumas das estratégias para formação de grupos cooperativos citadas nesta obra.

Material

- Uma cadeira (sem braço e em boas condições) para cada participante.
- Aparelho de som.

Desenvolvimento

- É importante criar uma atmosfera lúdica desde o início. Para isso, pode-se criar um enredo, um cenário adequado ao momento. Por exemplo, imaginando um grupo de velejadores sendo desafiados a realizar diferentes manobras para aperfeiçoar suas co-opetências de navegação.

1°. Desafio (Cooperação dentro de cada "barco")

Cada barco deverá sair de seu "porto seguro" (posição de partida) e chegar ao "ponto futuro". Isto é, navegar para o outro lado do quadrado, imediatamente à frente de cada respectivo "barco". Todos os tripulantes devem chegar levando o próprio "barco" (as próprias cadeiras).
Quando todos os "barcos" alcançarem seu "ponto futuro", o desafio é vencido por todos!

Condições especiais para a Travessia

Imaginando que todo o piso do ambiente corresponde às águas de um oceano muito frio e povoado por tubarões, todos os barcos deverão navegar respeitando duas condições:

1ª - Nenhuma parte do corpo pode tocar a água (o piso), incluindo calçados, roupa e qualquer outro tipo de material. Afinal, a água é muuuito fria e cheia de TUBARÕES!!!

2ª - O barco (a cadeira) não pode ser arrastado.

2°. Desafio (Cooperação entre os "barcos")

Depois de todos os barcos terem alcançado o "ponto futuro" e celebrado essa conquista, desafiamos o Grupo, como um único Time, a se posicionar em ordem alfabética, respeitando as mesmas Condições para a Travessia, isto é, sem tocar o chão e nem arrastar as cadeiras!!!

Comemoração

Um aspecto fundamental do Jogo Cooperativo é a comemoração de cada pequena/grande realização do Grupo. Ao final do 2°. Desafio, convidamos todos os "tripulantes" (que a essa altura, provavelmente, estarão em pé sobre as cadeiras) a se darem as mãos e "mergulharem" no oceano... agora com as águas aquecidas pelo calor compartilhado durante toda a Travessia (im)possível!

Re-Creação

- Existem muitas variações para tornar este Jogo mais desafiador e divertido: desde a colocação de alguns obstáculos ("redemoinhos", "piratas", "furacões" etc.), até a implementação de diferentes características de "tripulação" (vendar, amordaçar ou amarrar braços e pernas).
- Tanto para adaptar o desafio para grupos mais jovens e grupos mais idosos, como para superar a falta de cadeiras, podemos substituir as cadeiras por folhas de jornal abertas e estendidas no chão.
- Durante o Jogo, é muito interessante também utilizar músicas relacionadas ao tema, como, por exemplo, *Como uma onda no mar, de* Lulu Santos. Até porque, depois de uma boa Navegação Cooperativa, provavelmente *nada do que foi será do jeito que já foi um dia!*

Toques

- Esta "Navegação (im)possível" desafia as pessoas a saírem de seu "porto seguro" e partirem no rumo do "ponto futuro". É um Jogo Cooperativo muito potente porque estimula romper a inércia provocada pelo comodismo ou pela resignação. Este é um desafio que pode nos impulsionar em direção à realização de nossas mais essenciais aspirações e ao alcance de metas aparentemente (im) possíveis... desde que naveguemos orientados pela bússola da Cooperação.

Seminário Jogos Cooperativos – Parque Visão do Futuro

REBATIDA[48]
(Jogo Cooperativo sem Perdedores)

Este jogo é uma combinação de várias atividades ("coelhinho sai da toca", "taco", "base 4", entre outras). É um jogo muito ativo, envolvente, e favorece a integração, a ajuda mútua, a desinibição, a atenção, a agilidade, a disposição para "trocar de lugar" e muita, muita diversão.

Objetivo Comum

- Rebater a bola e ocupar as "Bases".

Participação

- A partir de 7 anos.
- Para grupos de 20 a 40 participantes, organizados em duplas ou trios.

Espaço

- Uma quadra de voleibol ou equivalente.
- Desenhar "bases" (círculos com 1m de diâmetro) equidistantes, ao redor da quadra.
- A quantidade de círculos é igual ao número de duplas ou trios, menos 1 (ex: 15 duplas = 14 círculos). As "bases" deverão ser numeradas.

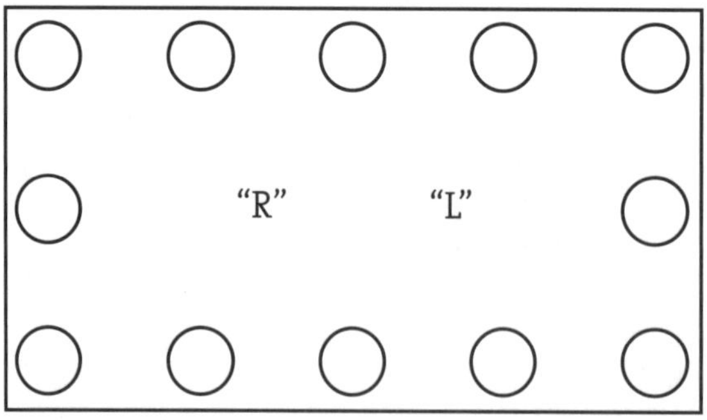

Material

- Giz, uma bola de plástico média e um "bastão" (cabo de vassoura).

48 Re-Creado no Programa de Jogos Cooperativos do CEPEUSP – Centro de Práticas Esportivas da USP (1995).

Desenvolvimento

- Escolhe-se uma dupla para ser a dupla de Rebatedor ("R") e Lançador ("L"), com "bastão" e bola, respectivamente. Esta dupla ficará no centro da quadra, mas distante, um do outro parceiro, aproximadamente 4 m.
- As demais duplas entram nas "bases", verificando o número correspondente à "base" em que entraram.
- O jogo tem início com o Lançador arremessando a bola para que seu parceiro, o Rebatedor, faça a "REBATIDA".
- Logo que a "REBATIDA" for feita, o Rebatedor grita (grita mesmo!) o número de qualquer uma das "bases" (ex: 10!!!).
- A dupla que estiver ocupando a "base" número 10 deverá buscar a bola e, depois, já com a bola, tentar entrar em qualquer "base".
- Enquanto isso, todas as demais duplas deverão trocar de "base" simultânea e aleatoriamente, inclusive a dupla de Lançador e Rebatedor.
- Como há uma "base" a menos que o número de duplas, a dupla que ficar sem "base" passa a ser Lançador e Rebatedor.
- Todos permanecem com o mesmo parceiro.
- Reinicia-se o processo.

Re-Creação

- Após a "REBATIDA", trocar de parceiros antes de entrar numa nova "base". Todos, com exceção da dupla que vai buscar a bola. Essa dupla permanece junta.
- Correr com as mãos dadas, exceto a dupla que vai buscar a bola.
- Substituir a "REBATIDA" com o bastão, pela realização de "fundamentos" de determinada modalidade esportiva (ex.: o Lançador passa a bola com o pé, e o Rebatedor chuta para o gol, ou para um alvo pré-estabelecido).

Toques

- Conforme o jogo vai aumentando de intensidade, a disposição para encontrar novos parceiros vai crescendo também. Os participantes experimentam como é divertida e rica a diversidade quando há abertura para interagir em Comum-Unidade.

VÔLEI INFINITO [49]

(Jogo Cooperativo de Resultado Coletivo)

É um jogo de Voleibol para promover o respeito e a confiança mútua, a harmonização de ritmos pessoais e a coordenação de esforços para realizar uma Meta Comum.

Objetivo Comum

- Realizar o maior número de lançamentos consecutivos.

Participação

- A partir de 7 anos.
- Para grupos com 20 participantes, organizados em 2 grupos iguais.

Espaço

- Uma quadra de voleibol e rede ou similar (ex.: um pátio com uma corda).

Material

- 2 bolas de voleibol.
- 1 bola "gigante".

Desenvolvimento

- Joga-se como um jogo de voleibol convencional, porém com o objetivo de realizar o maior número de passes possível sobre a rede, em um tempo determinado.

Re-Creação

- Dependendo do grupo, permitir que a bola toque uma vez no chão.
- Para manter o desafio e estimular o interesse em grupos mais experientes, pode-se utilizar mais que uma bola, ao mesmo tempo. E bolas com tamanhos variados.
- Realizar "Inversões", por exemplo: aquele que lançar a bola para o outro lado da quadra troca de lado, também.

Toques

- Jogando o Voleibol Infinito, exercita-se a Liderança Grupal e aprende-se a realizar objetivos comuns, com muito mais eficiência, economia e alegria.

---

49 Baseado no jogo "Infinite Volleyball" de Jim Deacove ("Co-Operative Games Manual, 1978).

UM TIME "ZONEADO"[50]
(Jogo de Inversão)

Partindo do Handebol, este jogo é literalmente uma "zona". Todos jogam em uma "zona" determinada e, conforme o desenrolar da atividade, promovem uma interação muito dinâmica, com participação total e sem fronteiras. Todos percebem que são um só Time.

Curso de Jogos Cooperativos. Brasília - DF (2008)

Objetivo Comum

- Marcar gols e defender.

Participação

- A partir de 7 anos. Para grupos de 16 participantes (ou mais), distribuídos em duplas (ou trios) nas "zonas" da quadra.

Espaço

- Uma quadra de Handebol ou similar (ex.: um pátio com gols improvisados), dividida em 8 "zonas" **A** e **B**, demarcadas da seguinte maneira:

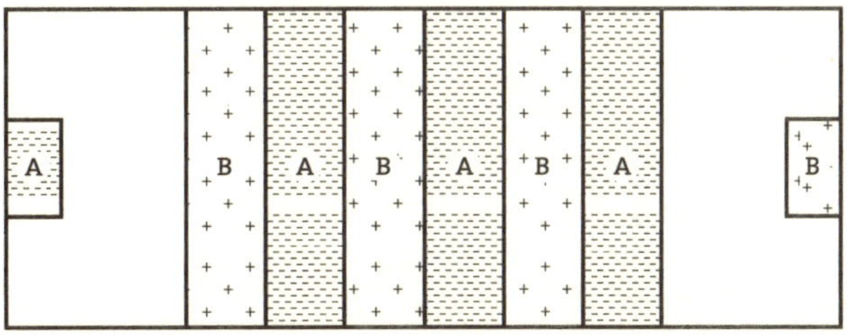

50 Re-Creado no Programa de Jogos Cooperativos do CEPEUSP – Centro de Práticas Esportivas da USP (1995).

Material

- 1 bola de Handebol.

Desenvolvimento

- Os participantes são distribuídos nas 8 "zonas", ficando 2 (ou 3) em cada uma delas.
- Os participantes somente poderão jogar dentro da "zona" que ocupam no momento.
- O "time" **A** deve tentar fazer gol no "time" **B** e vice-versa.
- A bola deve ser passada para a "zona" seguinte mais próxima, correspondente ao respectivo "time".
- Feito o gol, promove-se um rodízio, em que todos trocam de "zona", passando a ocupar a próxima "zona". (ex.: A dupla que estava no gol da "zona" **B** vai para o gol da "zona" **A**, "empurrando" a dupla que estava no gol da "zona" **A** para a próxima "zona" **B**; esta, por sua vez, "empurra" a dupla que ocupava essa "zona" **B** para a próxima "zona" **A**, e assim sucessivamente, até completar a troca lá na "zona" do gol **B**).
- E reinicia-se o jogo.

Re-Creação

- Utilizar 2 bolas simultaneamente.
- Aumentar o número de participantes em cada zona, menos no gol.
- Retirar gradativamente as "zonas", até chegar ao jogo sem "zonas".

Toques

- Ao final do jogo, todos os participantes terão passado tanto pela "zona" **A** como pela "zona" **B**. Portanto, quem é o "time" **A** e o "time" **B**? E quem venceu o jogo??!!
- Todos são UM SÓ TIME!

CABEÇOBOL[51]
(Jogo Semicooperativo)

Muitas vezes, falamos em "jogar com a cabeça", não é? Que tal fazermos isso acontecer literalmente? Neste jogo, podemos experimentar uma maneira divertida de realizar metas e explorar jeitos diferentes de fazer uma mesma coisa.

Objetivo Comum

- Fazer gols de cabeça.

Participação

- A partir de 10 anos. Para grupos com 20 participantes, ou mais.

Curso de Jogos Cooperativos. Brasília - DF (2008)

Espaço

- Uma quadra de Futsal, Handebol, campo de Futebol ou um pátio com "gols" adaptados.

Material

- 2 bolas de voleibol ou similar.

Desenvolvimento

- Pratica-se este Jogo baseado no Jogo de Handebol convencional, porém podendo incluir a participação de 2 equipes com número mais ampliado de jogadores.
- A diferença principal é o uso da cabeça para fazer o gol. Só é válido o gol fei-

51 Inspiração do Prof. José Ricardo Barcelos Grilo (Uno&Verso).

to de cabeça quando for resultante de um passe, isto é, não é permitido lançar a bola para o próprio jogador cabecear.

- Os jogadores do time que defendem, quando dentro da área, somente poderão interceptar um passe ou uma cabeçada para o gol, sem o uso das mãos ou braços. A defesa dentro da área atua apenas usando outras partes do corpo que não braços e mãos.
- Não há goleiros.

Re-creação

- Usar alguns dos processos de "Inversão" e outros relacionados nos "Jogos Semi-Cooperativos".
- É muito divertido e desafiante colocar mais que uma bola e mais que dois gols, no mesmo jogo.

Toques

- É importante incentivar a construção de algumas regras para o con-tato físico "aconteSer" de um modo sadio (não tirar a bola das mãos do outro, ou seja, **somente é permitido interceptar passes** e não "roubar a bola").

MULTIESPORTE[52]

(Jogo Semicooperativo)

É uma combinação de várias modalidades em uma mesma atividade. Reunimos o Basquete, o Voleibol, o Futsal e o Handebol para estimular a inclusão de todos, respeitando individualidades, competências e liberdade de escolha. É um jogo em que a atenção de todos está mais focalizada no processo e nem tanto no resultado final.

Objetivo Comum

- Marcar pontos e defender.
- Aperfeiçoar a habilidade de se organizar em grupo.

Participação

- A partir de 12 anos. Para grupos de 14 a 20 participantes, reunidos em 2 times (utilizar os critérios para a "formação de grupos", apresentados no capítulo IV).

Espaço

- Uma quadra poliesportiva ou similar (ex.: um pátio com gols, cestas e rede improvisados).

Material

- 1 bola de Handebol, Basquete, Voleibol e Futsal.

Desenvolvimento

- É, praticamente, um jogo que se utiliza da forma e das regras convencionais das modalidades envolvidas.
- A ideia é fazer circular as 4 modalidades sucessivamente durante o tempo todo, isto é, começamos a jogar Basquete, em seguida o Futsal, depois o Voleibol e, por último, o Handebol. Depois, recomeçamos com o Basquete...
- O primeiro passo, depois de estabelecida a ordem das modalidades, em conjunto com os participantes, é incentivar cada time a se organizar internamente para definir a composição dos "pequenos times" e se preparar, o melhor possível, para o momento da troca de modalidades.
- O MULTIESPORTE começa e, assim que um ponto é convertido (cesta, gol etc. dependendo da modalidade), realiza-se a troca de modalidade. Para isso, basta trocar a Bola (tirar a de Basquete e colocar em jogo a Bola de Futsal, por exemplo).

52 Inspiração do Prof. Tito Wagner (Santos-SP).

- Os dois times devem se reorganizar rápido (promover a troca do "pequeno time"), pois o jogo não pode parar.
- Logo após a reorganização dos times e da troca da bola, o jogo prossegue.

Re-Creação

- Aplicar algumas das estruturas dos Jogos Semicooperativos (ex.: "Todas as posições" ou "Resultado misto").
- Utilizar alguns "Jogos de Inversão" (ex.: "inversão do goleador").
- Podem-se experimentar 2 modalidades acontecendo simultaneamente.

Toques

- É muito comum, ao final do jogo, que os participantes não se lembrem do placar, uma vez que existiram tantos outros desafios pessoais e grupais (mudança de modalidades, organização dos "pequenos times" etc.).
- Cada participante terá jogado em pelo menos uma das modalidades e TODOS terão tido a experiência de **VenSer... Juntos**.

Pós-graduação em Jogos Cooperativos - 2ª Turma (2001)

QUEIMADA INVERTIDA
(Jogo de Inversão)

Talvez você encontre pessoas que têm aversão por jogos, medo de bola... traumas tatuados na infância jogada não cooperativamente. Então o que fazer? Que jogos podem ajudar a dissolver essas marcas e a soltar essas travas? Que tal re-viver a "Queimada" com a re-novação que o Jogo Cooperativo pode trazer?

Objetivo Comum

- Queimar e evitar ser queimado.

Participação

- Para 7 anos em diante.
- Inicialmente, organizados em 2 grandes grupos.

Espaço

- Quadra, pátio ou gramado demarcado como um grande retângulo.

Material

- 1 bola de plástico ou de meia.

Desenvolvimento

- Joga-se como em uma "queimada" convencional, integrando uma pequena mudança... que pode, no entanto, fazer uma enorme diferença.
- Quando existirem mais que 2 participantes na zona do "morto" ("coveiro", "queimado" etc.), o primeiro que chegou ali retorna para o campo de jogo trocando de time, ao invés de voltar para o seu próprio grupo ("inversão").

Re-creação

- Usar alguns processos dos Jogos Semicooperativos (tentar a queimada alternando-se homens e mulheres, por exemplo).
- Jogar com 2 bolas ao mesmo tempo.

Toques

- Mesmo sendo um Jogo arquitetado na Cooperação, ele não garante que todos serão cooperativos. Aliás, o Jogo Cooperativo não garante Cooperação. Ele visa a ampliar as chances para que a Cooperação aconteça.
- Neste jeito de jogar, é mais provável exercitar o respeito mútuo, a conside-

ração pela integridade do outro e a empatia, uma vez que o jogador do outro time – o adversário, mais cedo ou mais tarde, será jogador do meu time – meu solidário.

• Interdependendo do grau de habilidade **motora e de co-opetência** cooperativa, é interessante propor que todos **joguem utilizando somente a mão não dominante** (destro joga com a esquerda; canhoto joga com a direita) para queimar.

JOGOS ESCOLARES COOPERATIVOS
A Co-Opetição

I. APRESENTAÇÃO

Este projeto de *Jogos Escolares Cooperativos* é uma síntese de alguns encontros de trabalho, reunindo um grupo de professores da Rede Municipal de Ensino de Santos, em 1993. Nosso desafio era criar uma estratégia de harmonização entre Competição e Cooperação – **A CO-OPETIÇÃO**, para escolares entre 10 e 14 anos. O caminho descoberto foi o de somar características cooperativas ao modelo de Jogos Escolares, já existente.

Portanto, optamos por desenvolver processos facilitadores da participação, da inclusão, do exercício da cidadania sem fronteiras, do desenvolvimento integrado de todas as competências pessoais e coletivas, da empatia, solidariedade, confiança mútua, auto-mútua estima e do sentimento de *InterSer Como-Um*.

De lá para cá, temos estimulado a realização de Campeonatos Escolares baseados nessa matriz original. Sabemos, contudo, que são os primeiros passos na direção de concretizar as mudanças necessárias e possíveis para resgatar, através do Esporte, o "Espírito Cooperativo" de jogar uns com os outros, ao invés de uns contra os outros.

Tomara que estas ideias sirvam como mais um estímulo para a sua jornada de realização do (im)possível mundo onde todos podem *VenSer*!

II. DESENVOLVIMENTO GERAL

Artigo 1º. – As escolas deverão anexar à inscrição uma relação nominal dos alunos participantes por modalidade e outra relação nominal geral.

> **Parágrafo único** – As escolas poderão "batizar" suas diferentes equipes com nomes criativos e divertidos, ajudando a diluir as barreiras entre as escolas e os alunos.

Artigo 2º. – A forma de disputa será definida de acordo com o número de escolas participantes em cada modalidade.

Artigo 3º. – Nas modalidades coletivas, os jogos poderão seguir o seguinte ritmo:

- Aquecimento.
- Grito de Paz (saudação à outra escola).

- Jogo.
- Após o final do jogo, enquanto se aguarda o resultado – "Mistão" (5 (cinco) minutos, coordenados pelos professores).
- Comunicação do resultado (preferencialmente com todos ainda misturados).

Parágrafo único – Entre os jogos, poderá haver apresentações de Capoeira, Dança de Rua, Tai Chi Chuan, Coral e outros.

Artigo 4º. – Para efeito de classificação final nas modalidades serão considerados os valores abaixo :

- Vitória: 3 (três) pontos
- Empate: 2 (dois) pontos
- Derrota: 1 (um) ponto

Artigo 5º. – Para efeito de Classificação Geral nos Jogos Escolares, será considerada a seguinte tabela de pontuação para a Classificação nas modalidades:

- 1º. Colocado: 12 pontos
- 2º. Colocado: 10 pontos
- 3º. Colocado: 8 pontos
- 4º. Colocado: 7 pontos
- 5º. Colocado: 6 pontos
- 6º. Colocado: 5 pontos
- 7º. Colocado: 4 pontos
- 8º. Colocado: 3 pontos
- 9º. Colocado: 2 pontos
- 10º. Colocado: 2 pontos

III. MODALIDADES ESPORTIVAS

Artigo 6º. – Serão realizadas as seguintes modalidades nas categorias masculino e feminino: Basquetebol, Handebol, Futebol de Praia, Voleibol, Atletismo, Xadrez, Tênis de Mesa.

Artigo 7º. – Todas as modalidades serão regidas de acordo com as regras oficiais e códigos desportivos vigentes no país, respeitando as adaptações previstas neste regulamento.

Parágrafo 1º. – A arbitragem colaborará para incentivar alunos, professores e demais participantes a desenvolver atitudes esportivas e humanas de acordo com os propósitos deste evento.

Parágrafo 2º. – A arbitragem poderá conceder um "TEMPO RICO", sempre que solicitado por um professor, ou por sua própria iniciativa, visando a destacar atitudes esportivas, manifestadas por qualquer participante do jogo (aluno, professor, árbitro e público) e consideradas importantes para a promoção do BEM COMUM, tais como:

- Parar o jogo para ajudar um amigo da outra equipe a se levantar.
- Ser honesto quanto a uma situação duvidosa, especialmente quando a verdade "favorecer" a outra escola.
- Torcer com respeito, incentivando a equipe após algum erro.

1. BASQUETEBOL

Artigo 8º. – Cada escola poderá inscrever no mínimo 10 (dez) e no máximo 15 (quinze) alunos(as).

Artigo 9º. – Duração de 3 (três) períodos de 12 (doze) minutos cada. Intervalo de 5 (cinco) minutos entre o 2º. e o 3º. Período.

Parágrafo único – Participação obrigatória de 10 (dez) alunos(as) por escola, sendo 5 (cinco) alunos (as) diferentes em cada um dos dois primeiros períodos. O 3º. Período terá a participação livre.

Artigo 10º. – O resultado final de cada jogo será determinado pela somatória dos PONTOS REGULARES, mais os PONTOS DE BONIFICAÇÃO, obtidos por cada uma das escolas participantes.

Parágrafo único – Se o resultado final configurar um EMPATE, este deverá ser mantido.

Artigo 11º. – PONTOS REGULARES:

Parágrafo 1º.

- Para cada CESTA de 3 (três) pontos : 3 (três) pontos.
- Para cada CESTA de 2 (dois) pontos : 2 (dois) pontos.
- Para cada bola que tocar no ARO : 1 (um) ponto.
- Para cada bola que tocar na TABELA : 0,5 (meio) ponto.

Parágrafo 2º. – Para validar os pontos de ARO e TABELA, somente serão considerados os arremessos realizados fora do "garrafão" e dentro da área delimitada pela linha de arremessos para "3 pontos".

Parágrafo 3º. – No "lance-livre", os valores serão iguais à metade daqueles acima mencionados.

Artigo 12º. – PONTOS DE BONIFICAÇÃO:

Parágrafo 1º. – Ponto de bonificação para cada CESTA convertida, caso todos(as) os(as) alunos (as) da equipe tenham tocado na bola, na mesma fase do jogo. Se a bola for interceptada, ou uma falta for sofrida, a bola é resposta em jogo e reinicia-se o processo, isto é, todos devem tocar a bola, novamente.

Parágrafo 2º. – Ponto de bonificação para cada aluno(a) diferente que converter pelo menos 1 (uma) CESTA durante o jogo.

Parágrafo 3º. – Ponto de bonificação para a equipe que, ao final do jogo, possuir o menor número de faltas cometidas.

Parágrafo 4º. – Ponto de bonificação para cada aluno(a) que, ao final do jogo, não tiver cometido falta.

2. HANDEBOL e FUTEBOL DE AREIA

Artigo 13º. – Cada escola poderá inscrever no mínimo 14 (quatorze) e no máximo 21 (vinte e um) alunos (as).

Artigo 14º. – Duração de 3 (três) períodos de 12 (doze) minutos cada. Intervalo de 5 (cinco) minutos entre o 2º. e o 3º. períodos.

Parágrafo único – Participação obrigatória de 14 (quatorze) alunos (as) por escola, sendo 7 (sete) alunos(as) diferentes em cada um dos dois primeiros períodos. O 3º. Período terá a participação livre.

Artigo 15º. – O resultado final de cada jogo será determinado pela somatória dos PONTOS REGULARES, mais os PONTOS DE BONIFICAÇÃO, obtidos por cada uma das escolas participantes.

Parágrafo único – Se o resultado final configurar um EMPATE, este deverá ser mantido.

Artigo 16º. – PONTOS REGULARES:

Parágrafo único

- Para cada GOL: 1 (um) pto.
- Para cada BOLA NA TRAVE: 0,5 (meio) pto.
- Para cada ESCANTEIO CONSEGUIDO: 0,5 (meio) pto.
- Para cada "7 METROS/PENALTI" DEFENDIDO: 0,5 (meio) pto.

Artigo 17º. – PONTOS DE BONIFICAÇÃO:

Parágrafo 1º. – Ponto de bonificação para cada GOL convertido, caso todos(as) os(as) alunos (as) da equipe tenham tocado na bola, na mesma fase do jogo. Se a bola for interceptada, ou uma falta for sofrida, a bola é resposta em jogo e reinicia-se o processo, isto é, todos devem tocar a bola, novamente.

Parágrafo 2º. – Ponto de bonificação para cada aluno(a) diferente que converter pelo menos 1 (um) GOL durante o jogo.

Parágrafo 3º. – Ponto de bonificação para a equipe que, ao final do jogo, possuir o menor número de faltas cometidas.

Parágrafo 4º. – Ponto de bonificação para cada aluno(a) que, ao final do jogo, não tiver cometido falta.

3. VOLEIBOL

Artigo 23º. – Cada escola poderá inscrever no mínimo 9 (nove) e no máximo 18 alunos(as).

Artigo 24º. – Duração de 3 (três) Sets, OBRIGATÓRIOS, de 12 (doze) pontos cada.

Parágrafo único – Participação obrigatória de 9 (nove) alunos(as) em cada escola, os quais deverão participar integralmente de 1 (um) dos dois primeiros sets. O 3º. Set terá a participação livre.

Artigo 25º. – O resultado final de cada jogo será determinado pela somatória dos PONTOS REGULARES, mais os PONTOS DE BONIFICAÇÃO, obtidos por cada uma das escolas participantes.

Parágrafo único – Se o resultado final configurar um EMPATE, este deverá ser mantido.

Artigo 26º. – PONTOS REGULARES:

Parágrafo único – Conforme as regras adotadas pela CBV.

Artigo 27º. – PONTOS DE BONIFICAÇÃO:

Parágrafo 1º. – Ponto de bonificação para cada série de 3 (três) toques dados pela mesma escola, desde que a bola seja passada para o outro lado da quadra.

Parágrafo 2º. – Ponto de bonificação para cada aluno(a) que marcar ponto durante o jogo.

Artigo 28º. – A "zona de saque" deverá distanciar-se da rede a 7 (sete) metros.

Parágrafo único – Todos os saques deverão ser realizados "por baixo".

Artigo 29º. – Após a realização de 3 (três) pontos consecutivos, deverá ser realizado um "rodízio técnico" na equipe com a vantagem. O jogo prossegue com um(a) novo(a) aluno(a), da mesma equipe, fazendo o saque.

4. ATLETISMO

Artigo 30º. – Cada escola poderá inscrever no máximo 4 (quatro) alunos(as) por prova e 1 (uma) equipe por revezamento. Cada aluno(a) poderá participar de até 2 (duas) provas e de 1 (um) revezamento.

Artigo 31º. – Serão realizadas as seguintes provas:

- Salto em distância individual – masc. e fem.
- Arremesso de pelota.
- Corrida de 50 metros – masc. e fem.
- Corrida de 200 metros – masc. e fem.
- Revezamento 8x25 metros – masc. e fem.

Parágrafo 1º. – Serão realizadas 2 (duas) PROVAS ESPECIAIS:

- Salto em distância DUPLA MISTA. Uma dupla mista (masc. e fem.) realiza o salto com as mãos dadas. Nesta prova, a distância alcançada será multiplicada por 2 (dois).
- Revezamento 8x25 metros – MISTO. Uma equipe de 4 (quatro) alunos e 4 (quatro) alunas, distribuídos alternadamente pela pista, realiza a corrida.

Parágrafo 2º. – Nas provas de revezamento o(a) aluno(a) que RECEBE o bastão deverá fazê-lo PARADO(A). Não haverá "zona de passagem".

Artigo 32º. – A classificação, em cada prova, será definida pela somatória dos resultados obtidos por cada aluno(a) representante da escola inscrita.

Parágrafo 1º. – Nas provas de Saltos e Arremessos, a escola com MAIOR SOMA ABSOLUTA de distâncias será considerada a 1ª. colocada.

IMPORTANTE – Para efeito de resultado final nestas provas, cada aluno(a) que participar, fará acrescentar 10 (dez) cm na SOMA da escola.

Parágrafo 2º. – Nas provas de Corridas e Revezamentos, a escola com a MENOR MÉDIA de tempo, será considerada a 1ª. colocada.

IMPORTANTE – Para efeito de resultado final nestas provas, cada aluno que participar, fará descontar 1 (um) segundo do tempo médio da sua escola.

5. XADREZ

Artigo 33º. – Cada escola poderá inscrever no mínimo 3 (três) e no máximo 5 (cinco) alunos (as).

Artigo 34º. – Serão realizados 4 (quatro) jogos; 3 (três) individuais e 1 (um) coletivo.

Parágrafo único – A sequência dos jogos deverá ser:

- 2 (dois) Jogos Individuais.
- Jogo Coletivo.
- Jogo Individual.

Artigo 35º. – No JOGO COLETIVO, três alunos (as) jogarão em um único tabuleiro, alternando a participação individual a cada série de 3 (três) lances, até o final do jogo. A cada rodízio, será concedido um "tempo tático" de 1 (um) minuto.

Artigo 36º. – A ausência de qualquer aluno (a) implicará a derrota automática no seu respectivo jogo individual e, também, no jogo coletivo.

Artigo 37º. – O resultado final de cada série de jogos entre 2 (duas) escolas será determinado pelo maior número de vitórias.

Artigo 38º. – Se o resultado final configurar um EMPATE, este deverá ser mantido

6. TÊNIS DE MESA

Artigo 39º. – Cada escola poderá inscrever no mínimo 5 (cinco) e no máximo 6 (seis) alunos(as).

Artigo 40º. – Serão realizados 4 (quatro) jogos.

Parágrafo 1º. – Serão disputados 3 (três) JOGOS INDIVIDUAIS, disputados em melhor de 3 (três) sets e 15 (quinze) pontos, e mais um JOGO COLETIVO.

Parágrafo 2º. – A sequência dos jogos deverá ser:

- 2 (dois) Jogos Individuais.
- Jogo Coletivo.
- Jogo Individual.

Artigo 41º. – No JOGO COLETIVO, as equipes jogarão separadamente. Cada uma com 3 (três) alunos (as), que jogarão juntos para conseguir o maior nº. de rebatidas, possível em 3 (três) minutos.

Parágrafo 1º. – O trio jogará de forma que, após cada rebatida, o(a) respectivo(a) aluno(a) troque de lado na mesa.

Parágrafo 2º. – A equipe no jogo coletivo poderá, no máximo, contar com apenas 1 (um/uma) aluno (a) que participa de um dos jogos individuais.

Artigo 42º. – O resultado final de cada série de jogos entre 2 (duas) escolas será determinado pelo maior número de vitórias.

Artigo 43º. – Se o resultado final configurar um EMPATE, este deverá ser mantido.

IV. ATIVIDADES COMUM-UNITÁRIAS

Serão promovidas e incentivadas diversas atividades, que proporcionarão PONTOS DE BONIFICAÇÃO para a escola, na Classificação Geral dos Jogos Escolares.

Artigo 36º. – As escolas poderão participar livremente, envolvendo toda comunidade escolar: alunos, professores, funcionários e pais.

Artigo 37º. – Cada aluno(a) diferente que participar do Evento como um todo adicionará 1 (um) ponto.

Artigo 38º. – Faixas e/ou slogans "cooperativos", apresentados durante os Jogos, adicionarão 2 (dois) pontos.

Parágrafo único – Para validar a participação, a escola deverá entregar à Comissão Organizadora o original datilografado dos textos.

Artigo 39º. – Apresentação do "Grito de Paz" – saudação às equipes participantes –, no início de cada jogo, adicionará 3 (três) pontos.

Artigo 40º. – Campanha Cooperativa para ajudar o "Amigo Desconhecido". Serão coletados brinquedos, roupas, leite em pó e "quilos" (quilo de arroz, de feijão, de café etc.), os quais serão distribuídos para os Amigos que necessitarem.

Parágrafo único – Conforme parceria e orientação da Secretaria de Ação Comunitária.

Artigo 41º. – Dia da Troca: "Violência por Brincadeira e Arte". Alunos poderão participar trocando brinquedos, revistas, objetos, artigos diversos e/ou atitudes, pensamentos e sentimentos agressivos e violentos por ingressos para cinema, teatro, parque de diversões, espetáculos de dança, museus e outros.

Parágrafo único – Conforme parceria e orientação da Secretaria de Cultura.

Artigo 42°. – Todos poderão participar da produção de trabalhos escolares focalizando o lema: "Amizade em 1°. Lugar", tais como:

- Criação de um logotipo/símbolo para os Jogos deste ano.
- Produção de fotografias e/ou vídeos.
- Redação, poesias, entrevistas etc.
- Manifesto dos Jogos Escolares.

Parágrafo único – Conforme parceria e orientação da Secretaria de Educação.

V. TORCIDA INTERDEPENDENTE

Sob o slogan ***"Eu faço parte do Time Como-Um"***, o público será motivado a "jogar" uns com os outros.

Artigo 43°. – Durante os momentos que antecedem os jogos em quadra e nos intervalos, o público participará de coreografias coletivas, brincadeiras e atividades de integração.

Artigo 44°. – Participarão da escolha de "destaques" durante o jogo, como, por exemplo:

- O "Amigão" (solidário).
- O "Cuca Fresca" (tranquilo).
- O "Divertido" (alegria).

VI. COMUNICAÇÃO

Serão promovidas ações objetivando comunicar o desenvolvimento do evento, de maneira a sensibilizar todos os segmentos da sociedade para a promoção do "Espírito de Cooperação".

Artigo 45º. – Noticiar aspectos de integração, diversão, curiosidades, co-operação etc., em vez de focalizar somente os resultados dos jogos.

Parágrafo único – Conforme parceria e orientação da Secretaria de Imprensa (D.O. Urgente), Jornal *A Tribuna* (Projeto Jornal-Escola-Comunidade) e Faculdade de Jornalismo.

Artigo 46º. – Criar e circular um BOLETIM DOS JOGOS.

VII. ABERTURA

Celebração da Amizade e do encontro com todos os participantes do Grande Time.

Artigo 47º. – Cada escola inscrita no evento deverá fazer-se representar por uma delegação de 10 (dez) alunos.

Parágrafo único – Todos deverão estar de camisetas brancas, lisas e sem inscrição alguma.

Artigo 48º. – Cerimônia do Fogo Olímpico com a participação de todos os alunos e professores presentes.

Artigo 49º. – Como atividade de integração, todos, inclusive o público, participarão do JOGO COMO-UM – Um só time, um só objetivo.

Artigo 50º. – Como atividade preliminar à abertura, será desenvolvida uma Oficina Cooperativa de Silkscreen, na qual os alunos poderão fazer a impressão do lema do evento – "A amizade em 1º. Lugar", em suas próprias camisetas.

VIII. ENCERRAMENTO

Celebração de Encerramento deverá ser criada, organizada e realizada pela "Comissão de Aperfeiçoamento Permanente".

IX. COMISSÃO DE APERFEIÇOAMENTO PERMANENTE

Artigo 51º. – Todo e qualquer membro da comunidade escolar santista poderá compor a Comissão.

Parágrafo único – Será coordenada por 2 (dois) membros voluntários.

Artigo 52º. – Fica instalada esta Comissão para encaminhar propostas de aperfeiçoamento do evento, facilitando sua imediata implantação. Deste modo, espera-se lapidar a realização deste novo modelo, nutrindo-o regularmente ao invés de considerá-lo algo pronto, acabado e sem brilho da Vida, que o faz e nos faz, eternamente novo em evolução.

Olimpíada Cooperativa. Joinville - SC (2008)

Fontes para Saciar a Sede de Cooperação... ou não!

"Nunca sei, ao certo, se sou um menino
de dúvidas ou um homem de fé.
Certezas o vento leva. Só as duvidas
continuam em pé."

Paulo Leminski

ARANHA, Maria Lúcia de A., MARTINS, Maria Helena P. *Filosofando: introdução à filosofia*. 2. ed. São Paulo : Moderna, 1993.

ASSMANN, Hugo. *Metáforas novas para reencantar a educação:* epistemologia e didática. Piracicaba: Ed. da UNIMEP, 1996.

BARATA, Kátia M.A., BROTTO, Fábio O., SILVA, Sheila A.P.S. *O programa de Jogos Cooperativos no CEPEUSP: uma avaliação*. In: CONGRESSO LATINO-AMERICANO DE ESPORTE PARA TODOS. Santos, 1995. *Anais...*

BARATA, Kátia M.A. *Para refletir...* [*on-line*]. Mensagem pessoal enviada para o autor. 13/11/1998.

BARBIERI, Cesar Augustus et al. *Esporte educacional: uma proposta renovada*. Recife: UPE-ESEF: MEE: INDESP, 1996.

BOFF, Leonardo. *A águia e a galinha: uma metáfora da condição humana*. São Paulo: Paz e Terra, 1997.

_____. *O despertar da águia*. Petrópolis: Vozes, 1998.

BRAHMA KUMARIS WORLD SPIRITUAL UNIVERSITY. *Visions of a better world*. London: United Nations Peace Messenger, 1993.

BRASIL. Secretaria de Educação Fundamental. *Parâmetros curriculares nacionais: introdução aos parâmetros curriculares nacionais* / Secretaria de Educação Fundamental. – Brasília: MEC/SEF, 1997. 126 p.

BROTTO, Fábio Otuzi. "Competir ou cooperar: qual a melhor jogada?" In: OLIVEIRA, Gladson. *Capoeira: do engenho à universidade*. São Paulo: CEPEUSP, 1992.

___. *Jogos cooperativos: se o importante é competir, o fundamental é cooperar*. São Paulo: Cepeusp, 1995 / Santos : Projeto Cooperação, 1997 (ed. re-novada).

_____. "Jogos cooperativos." In : BARBIERI, Cesar Augustus. *Esporte educacional: uma proposta renovada*. Recife: UPE: INDESP, 1996a. Cap. 4, p. 38-46.

_____. "O princípio da cooperação." In: BARBIERI, Cesar Augustus. *Esporte educacional: uma proposta renovada.* Recife: UPE : INDESP, 1996b. Cap. 14, p. 122-130.

BROWN, Guillermo. *Jogos cooperativos: teoria e prática.* São Leopoldo: Sinodal, 1994.

BRUHNS, H. T. *O corpo parceiro e o corpo adversário.* Campinas: Papirus, 1993.

CAPRA, Fritjof. *O ponto de mutação.* São Paulo: Cultrix, 1982.

_____. *A teia da vida.* São Paulo: Cultrix, 1998.

CARSE, James P. *Jogos Finitos e Infinitos: a vida como jogo e possibilidades.* Rio de Janeiro: Nova Era, 2003.

CARVALHO, Edgard de A. et al. *Ética, solidariedade e complexidade.* São Paulo: Palas Athena, 1998.

COMBS, Alan (Ed.). *Cooperation: beyond the age of Competition.* Philadelphia: Gordon and Breach Science, 1992. (*The World futures general evolution studies*; v. 4).

CREMA, Roberto. *Introdução à visão holística.* São Paulo: Summus, 1992.

D'AMBRÓSIO, Ubiratan. *Transdiciplinaridade.* São Paulo: Palas Athena, 1998.

DEACOVE, Jim. *Co-op games manual.* Perth: Family Pastimes, 1974.

_____. Co-op sports manual. Perth: Family Pastimes, 1978.

DREW, Naomi. *A paz também se aprende.* São Paulo: Gaia, 1991.

FERGUSON, Marylin. *A conspiração aquariana.* Rio de Janeiro: Record, 1980.

FERRI, Marco Antonio P. *Informações.* [on-line]. Mensagem pessoal enviada para o autor. 25/06/1999.

FREIRE, João Batista. *Educação de Corpo Inteiro.* São Paulo: Scipione, 1989.

____. *Pedagogia do futebol*. Rio de Janeiro: Ney Pereira, 1998.

_____. "Esporte educacional." in: *CONGRESSO LATINO-AMERICANO DE EDUCAÇÃO MOTORA*, 1., 1998, Foz do Iguaçu. *CONGRESSO BRASILEIRO DE EDUCAÇÃO MOTORA*, 2., 1998, Foz do Iguaçu. *Anais...* . Campinas: UNICAMP: FEF/DEM, 1998. p. 106-108.

FREIRE, Paulo. *Pedagogia da autonomia: saberes necessários à prática educativa*. 7. ed. São Paulo : Paz e Terra, 1996.

FONTANELLA, Francisco Cock. *O corpo no limiar da subjetividade*. Piracicaba: Ed. da Unimep, 1995.

FRIEDMAN, Adriana. *Brincar: crescer e aprender o resgate do jogo infantil*. São Paulo: Moderna, 1996.

FROMM, Erich. *A anatomia da destrutividade humana*. Rio de Janeiro: Zahar, 1973.

GARDNER, Howard. *As estruturas da mente: a teoria das inteligências múltiplas*. Porto Alegre : Artes Médicas, 1994.

GLOVER, D. R., MIDURA, D. W. *Team building through physical challenges*. Champaign: Human Kinetics, 1992.

____. *More team building challenges*. Champaign: Human Kinetics, 1995.

GYATSO, TENZIN. O XIV DALAI LAMA. *Comunidade Global e responsabilidade universal*. São Paulo: Chico Jr. & Associados, 1992.

HENDERSON, Hazel. *Construindo um mundo onde todos ganhem: a vida depois da guerra da economia global*. São Paulo: Cultrix, 1996.

HENQUET, Pierre. *Uma chama trêmula e brilhante*. Revista Correio da Unesco. [1995]. p. 33-36.

HUIZINGA, Johan. *Homo ludens: o jogo como elemento da cultura*. 4. Ed. São Paulo: Perspectiva , 1996.

JARES, Xésus. *Pedagogia da Convivência*. São Paulo: Palas Athena, 2008.

JOHNSON, David W., JOHNSON, Roger T. *Cooperation and competition: theory and research*. 2. ed. Edina: Interaction Book Company, 1989.

KAGAN, Spencer. *Cooperative learning*. San Juan Capistrano: Kagan Cooperative Learning, 1994.

KOHN, Alfie. *No contest: the case against competition*. New York: Houghton Mifflin, 1986.

____. *The brighter side of human nature: altruism and empathy in everyday life*. USA: Basic Books, 1990.

____. "Managing, competition and rewards". In: *INTERNATIONAL SEMINNAR MANAGING, COMPETITION AND REWARDS*, 1996, São Paulo. Entrevista. São Paulo, 28 mar. 1996.

____. *Punish by rewards: the trouble with gold stars, incentive plans, A's, praise and other bribes*. New York: Houghton Mifflin Company, 1993.

KUNZ, Eleonor. "Subsídios para refletir a prática pedagógica." In: *Prefeitura Municipal de Florianópolis. Secretaria de Educação. Movimento de reorientação curricular: documento preliminar de Educação Física*. Florianópolis, 1988.

LAO-TSÉ. *Tao-Te-King: o livro que revela Deus*. São Paulo. Círculo do Livro, 1988.

LEFEVRE, Dale N. *New games for the whole family*. New York: Perigee Books, 1988.

LOVISOLO, Hugo. "O princípio da cooperação". In: *CONFERÊNCIA BRASILEIRA DO ESPORTE EDUCACIONAL*, 1., Rio de Janeiro, 1996. Memórias... Rio de Janeiro: Editoria Central da Universidade Gama Filho, 1996. p. 53-74.

MATURANA, Humberto R. *Emociones y lenguaje en educacion y politica*. Santiago: Hachete, 1990.

____. *Formación humana y capacitación*. Santiago: Dolmen ediciones, 1995.

MATURANA, Humberto R. e VERDEN-ZÖLLER, Gerda - *Amar e brincar: fundamentos esquecidos do humano.* São Paulo : Palas Athena, 2004.

MEAD, Margaret. *Cooperation and competition among primitive people.* Boston: Beacon, 1961.

MONTAGNER, Paulo César. *Esporte de competição X educação?: o caso do Basquetebol.* Piracicaba, 1993. Dissertação (Mestrado). Faculdade de Educação: UNIMEP.

MORIN, Edgar. *Introdução ao pensamento complexo.* 2. ed. Lisboa: Instituto Piaget, 1995.

____. *Ciência com consciência.* Rio de Janeiro: Bertrand Brasil, 1996.

NALEBUFF, B. J., BRANDERBURGER A. M. *Co-Opetição: 1. Um conceito revolucionário que combina competição com cooperação. 2. A estratégia da teoria do jogo que está mudando o jogo dos negócios.* Rio de Janeiro: Rocco, 1996.

NICOLESCU, Basareb. *Que Universidade para o amanhã?: evolução transdisciplinar da Universidade.* In: CONGRESSO INTERNACIONAL DE LOCARNO. Locarno, 1997. Documento síntese... Suiça: CIRET: UNESCO, 1997.

OMEÑACA, Raul; PUYELO, Ernesto; RUIZ, Jesús Vicente. *Explorar, Jugar, Cooperar: bases teóricas y unidades didácticas para la educación física escolar abordadas desde las actividades, juegos y métodos de cooperación.* Barcelona: Editorial Paidotribo, 2001.

ORLICK, Terry. *The cooperative sports & games book: challenge without competition.* New York : Pantheon Books, 1978.

____. *The second cooperative sports and games book: over two hundred brand-new noncompetitive games for kids and adults both.* New York: Pantheon Books, 1982.

____. *Vencendo a competição.* São Paulo: Círculo do Livro, 1989.

_____, ZITZELSBERGER, Louise. "Enhancing children's sport experiences". In: SMOLL,

F. L., SMITH, R. E. *Children and youth in sport: a biopsychosocial perspective.* Madison : Brown & Bench Mark, 1995. p. 330-336.

PAES, Roberto R. *Aprendizagem e competição precoce: o caso do basquetebol.* 2. ed. Campinas : Ed. da Unicamp, 1996a.

____. *Educação Física Escolar: o esporte como conteúdo pedagógico do ensino fundamental.* Campinas, 1996b. 200p. Tese (Doutorado) — Faculdade de Educação, UNICAMP.

______. "Esporte educacional." In: *CONGRESSO LATINO-AMERICANO DE EDUCAÇÃO MOTORA*, 1., Foz do Iguaçu, 1998.; *CONGRESSO BRASILEIRO DE EDUCAÇÃO MOTORA*, 2., Foz do Iguaçu, 1998. *Anais...* Campinas: UNICAMP: FEF/DEM, 1998. p. 109-114.

PESSOA, Fernando. *Ficções do Interlúdio/1: poemas completos de Alberto Caeiro.* 6. ed. Rio de Janeiro: Nova Fronteira, 1980.

PIAGET, Jean. *A formação do símbolo na criança: imitação, jogo, sonho, imagem e representação.* Rio de Janeiro: Zahar, 1971.

PLATTS, David E. *Autodescoberta divertida: uma abordagem da Fundação Findhorn para desenvolver a confiança nos grupos.* São Paulo: Triom, 1997.

PRADO, Antonio C. M. "A re-criação do esporte". In: *CONGRESSO LATINO-AMERICANO DE ESPORTE PARA TODOS.* Santos, 1995. *Anais...*

PRIGOGINE, Ilya, STRANGERS, Isabelle. *A nova aliança.* 3. ed. Brasília : Ed. da UNB, 1997.

QUINN, Daniel. *Ismael: um romance da condição humana.* São Paulo: Fundação Peirópolis, 1998.

RODRIGUES, Aroldo. *Psicologia social.* Petrópolis: Vozes, 1972.

SANTIN, Silvino. *Educação Física: uma abordagem filosófica da corporeidade.* Ijuí: Ed. da UNIJUÍ, 1987.

____. *Educação Física: da alegria do lúdico à opressão do rendimento.* Porto Alegre: Edições EST: ESEF-UFRGS, 1994.

SARAYDARIAN, Torkon. *A psicologia da cooperação e consciência grupal*. São Paulo: Aquariana, 1990.

SELLTIZ, Claire et al. *Métodos de pesquisa nas relações sociais*. São Paulo: E.P.U., 1974.

SENGE, Peter M. *A quinta disciplina: arte, teoria e prática da organização de aprendizagem.* São Paulo: Best Seller, 1994.

SEVERINO, Antonio Joaquim. *Metodologia do trabalho científico.* 20. ed. São Paulo: Cortez: Autores Associados, 1996.

SETUBAL, Maria Alice. *O desafio de criar corresponsabilidade*. Folha de S.Paulo, 6 out., 1998.

SOBEL, Jeffrey. - *Everybody Wins: Non-competitive games for young children.* New York: Walker Publishing Company, Inc., 1983.

SOLER, Reinaldo. *Esporte Cooperativo: uma proposta para além das quadras campos e pátios.* Rio de Janeiro: Sprint, 2009.

TANI, Go - *Aspectos básicos do Esporte e a Educação Motora.* In: CONGRESSO LATINO-AMERICANO DE EDUCAÇÃO MOTORA, 1., 1998, Foz do Iguaçu. CONGRESSO BRASILEIRO DE EDUCAÇÃO MOTORA, 2, 1998, Foz do Iguaçu, Anais... Campinas: UNICAMP: FEF/DEM, 1998. p. 115-123.

TÁVOLA, Artur. *Comunicação é mito: televisão em leitura crítica.* Rio de Janeiro: Nova Fronteira, 1985.

THICH NHAT HANH. *A Paz a cada passo.* São Paulo: Editora Rocco, 1993.

TOBEN, B., WOLF, F. A. *Espaço-tempo e além: rumo a uma explicação do inexplicável.* São Paulo: Cultrix, 1995.

TUBINO, Manoel G. - *O esporte educacional como uma dimensão social do fenôme-*

no esportivo no Brasil. In: CONFERÊNCIA BRASILEIRA DO ESPORTE EDUCACIONAL, 1., Rio de Janeiro, 1996. *Memórias*. Rio de Janeiro: Editoria Central da Universidade Gama Filho, 1996. p. 9-15.

_____. *A política nacional do esporte*. In: CONGRESSO LATINO-AMERICANO DE EDUCAÇÃO MOTORA, 1., Foz do Iguaçu, 1998, CONGRESSO BRASILEIRO DE EDUCAÇÃO MOTORA, 2., Foz do Iguaçu, 1998. Anais... Campinas: UNICAMP: FEF/DEM, 1998. p. 61-63.

UNESCO e o Esporte: editorial. (xerox). Revista Correio da Unesco.

UNIVERSIDADE ESPIRITUAL MUNDIAL BRAHMA KUMARIS – *Cooperação na sala de aula: um pacote para professores*. Edição piloto. São Paulo: Brahma Kumaris, [1990].

WALKER, Zlmarian J. *Educando para a paz*. Brasília: Escola das Nações, [1987].

WEIL, Pierre. *A neurose do paraíso perdido*. São Paulo: Espaço e Tempo : Cepa, 1987.

WEINSTEIN, M., GOODMAN, J. B. *Playfair, everybody's guide to noncompetitive play*. 10th ed. San Luis Obispo: Impact, 1993.

WILSON, Edward O. *The Social Conquest of Earth*. New York: W.W. Norton & Co. Publication, 2012

ZEY, Michael G. *Uno gana todos ganan*. México: Selector, 1991.

Sementes da Cooperação - V Congresso Holístico Brasileiro.
Águas de Lindoia - SP (1997)

PROJETO COOPERAÇÃO
Comunidade de Serviço

Criada em 1992, é uma Organização Colaborativa plenamente dedicada ao desenvolvimento de serviços e produtos integralmente voltados para a promoção da Cultura da Cooperação e do Sentido de Comum-Unidade em empresas, escolas, órgãos governamentais e não governamentais, comunidades, e em processos de transformação pessoal e grupal.

Atualmente realiza a Pós-graduação em Jogos Cooperativos e a Pós-graduação em Pedagogia da Cooperação, presta serviços de consultoria para o desenvolvimento de Organizações Colaborativas, oferece cursos abertos, workshops, eventos e palestras com foco na Cultura da Cooperação, além do Laboratório em Pedagogia da Cooperação.

FAÇA COM-TATO
www.projetocooperacao.com.br
www.facebook/projetocoop
com-tato@projetocooperacao.com.br

Obras da Palas Athena Editora complementares à temática abordada neste livro

Diálogo: comunicação e redes de convivência

Expoente da física e filosofia da ciência do século 20, o autor americano **David Bohm** tem seu interesse focado nas ciências cognitivas e relações humanas. Para ele, diálogo significa mais que o simples pingue-pongue de opiniões, argumentos e pontos de vista que habitualmente ocorrem entre dois ou mais interlocutores. O autor parte de uma premissa de suspensão temporária de todos os pressupostos, teorias e opiniões arraigadas em relação aos assuntos em pauta para observar o que emerge de novo no fluxo da conversação. O propósito de seu método é investigar o pensamento, não só após sua estruturação, mas também em seus mecanismos de formação e sua dinâmica.

Pedagogia da convivência

A obra é um convite ao diálogo, à reflexão crítica e à participação global sobre um tema fundamental: a necessidade e a possibilidade de educar para a convivência a partir de critérios democráticos. Respeito, direitos humanos, ternura, diálogo, solidariedade e esperança são alguns dos marcos e conteúdos que viabilizam um convívio edificante e promissor, capaz de orientar as energias vitais e cognitivas tanto de alunos quanto de professores, indivíduos, grupos e comunidades. Na perspectiva do autor, as famílias têm de ser o primeiro laboratório de resolução não violenta de conflitos e, para tanto, é necessário qualificar a capacidade de escuta e percepção de uma situação por diferentes ângulos, considerando sempre o contexto, os protagonistas e os valores que estão envolvidos nela. Fruto de sua experiência pessoal como professor, capacitador de facilitadores, criador e coordenador de programas de convivência, pesquisador, mediador e pai, a obra foi escrita por **Xesus Jares**, um dos pioneiros da Educação para a Paz na Europa.

Amar e brincar – fundamentos esquecidos do humano

Em essência, o livro aborda três grandes temas: a origem da cultura patriarcal europeia, as relações entre mãe e filho e os fundamentos da democracia a partir da noção de biologia do amor. Os autores **Humberto Maturana** e **Gerda Verden-Zöller** veem a democracia como uma forma de convivência que só pode existir entre adultos que tenham vivido, na infância, relações de total aceitação materna. Os autores examinam com detalhes os fundamentos da condição humana que permeiam o afetivo e o lúdico. Mostram como a cultura do patriarcado europeu nos levou à atual situação de autoritarismo, dominação, competição predatória, desrespeito à diversidade biológica e cultural e profunda ignorância do que são os direitos humanos.

O poder da parceria

Numa linguagem lógica e acessível, Eisler explica que percebeu existirem dois modelos que podemos utilizar em nossos relacionamentos: o de dominação e o de parceria.

O modelo de dominação é o que herdamos de épocas passadas, mais autoritárias e despóticas. Por esse modelo, alguns poucos homens ficam no topo de hierarquias rígidas, que utilizam para enriquecer cada vez mais. É o modelo que aprova a competitividade, na qual a violência e o medo são vistos como naturais e os mais fracos ficam desabrigados.

O modelo de parceria é mais horizontal e não privilegia os homens em favor das mulheres, reconhecendo os direitos não só de ambos os gêneros, como também das crianças, dos idosos, do meio ambiente, dos animais. Quando os relacionamentos são pautados pelo modelo de parceria, as pessoas mostram respeito umas pelas outras, abrem espaço para diferenças e tomam cuidado com o que necessita de atenção.

Riane Eisler argumenta que já há um movimento em todo o mundo na direção da parceria, de relações mais democráticas, de cuidado pelas pessoas e pela natureza. No entanto, defensores do modelo de dominação resistem a ele e o combatem, pois preferem negar a realidade de relações que estão destruindo nosso planeta e fomentando sociedades cada vez mais violentas, para assim permanecerem na segurança da dominação rígida e definida.

A autora nos faz um convite audacioso: que deixemos de pensar em nós mesmos como impotentes, vítimas da situação, e comecemos a mudar o mundo. O poder da parceria é um convite para entendermos o que está acontecendo e passarmos a mudar nossa realidade, fazendo todas as nossas relações se aproximarem cada vez mais do modelo de parceria.

Texto composto na fonte Corpid Office.
Impresso em papel Pólen Soft 80g/m² pela Cromosete.